2021
河北省可再生能源发展报告

河北省能源局　水电水利规划设计总院　河北省能源规划研究中心　主编

RENEWABLE ENERGY DEVELOPMENT
REPORT OF HEBEI PROVINCE 2021

·北京·

图书在版编目（CIP）数据

河北省可再生能源发展报告. 2021 / 河北省能源局，水电水利规划设计总院，河北省能源规划研究中心主编. -- 北京：中国经济出版社，2022.11
ISBN 978-7-5136-7168-2

Ⅰ. ①河… Ⅱ. ①河… ②水… ③河… Ⅲ. ①再生能源 - 能源发展 - 研究报告 - 河北 - 2021 Ⅳ. ① F426.2

中国版本图书馆 CIP 数据核字（2022）第 224477 号

策划编辑　姜　静
责任编辑　李玄璇
责任印制　马小宾

出版发行	中国经济出版社
印 刷 者	北京富泰印刷有限责任公司
经 销 者	各地新华书店
开　　本	889mm×1194mm　1/16
印　　张	6.75
字　　数	145 千字
版　　次	2022 年 11 月第 1 版
印　　次	2022 年 11 月第 1 次
定　　价	198.00 元

广告经营许可证　京西工商广字第 8179 号

中国经济出版社　网址 www.economyph.com　社址 北京市东城区安定门外大街 58 号　邮编 100011
本版图书如存在印装质量问题，请与本社销售中心联系调换（联系电话：010-57512564）

版权所有　盗版必究（举报电话：010-57512600）
国家版权局反盗版举报中心（举报电话：12390）服务热线：010-57512564

编委会
Editorial Board

主　任　姚运涛　易跃春　周新军

副主任　董士党　罗玉辰　赵增海　张益国　宋鑫峰

主　编　侯晓丽　乔　勇　高　超　郭文成　王跃峰　胡小峰
　　　　　辛颂旭　张佳丽　朱方亮　胡日骅　李飞飞　范茜勉
　　　　　陈　龙　张　鹏　闫鑫笑　黄洁亭　傅　雷　周威威
　　　　　师立涛　任伟楠　张毓清　王悠然　陈自立　张立伟
　　　　　张润盘　赵俊红

校　审　谢宏文　王　亮　韦惠肖　查　浩　王昊轶　姜　海
　　　　　李少彦　侯　义　冯任卿　阎占良　张书梅　江　松

前言
Foreword

2021年是"十四五"第一年，是中国加快能源绿色低碳转型、落实应对气候变化国家自主贡献目标的关键之年。国家陆续出台《关于完整准确全面贯彻新发展理念 做好碳达峰碳中和工作的意见》《2030年前碳达峰行动方案》《"十四五"现代能源体系规划》等一系列纲领性文件，强化行业顶层设计，明晰发展方向。可再生能源行业呈现规模持续扩大、技术持续进步、成本持续下降、效率持续提高、竞争力持续增强的发展态势，有效支撑了国家清洁低碳、安全高效的现代能源体系建设。

河北省积极响应国家政策，结合自身可再生能源资源、产业、技术、消纳等各方面实际情况，相继出台了《河北省国民经济和社会发展第十四个五年规划和二〇三五年远景目标纲要》《河北省人民政府关于建立健全绿色低碳循环发展经济体系的实施意见》《河北省人民政府办公厅关于印发河北省建设全国产业转型升级试验区"十四五"规划的通知》等一系列政策和措施，支持和促进河北省可再生能源高质量发展。

"鹰击天风壮，鹏飞海浪春"，一年来，河北省紧紧抓住国家推进可再生能源发展的战略机遇，切实转变发展理念，加强技术创新，用好各项政策，加大产业融合力度，大力发展分布式能源，全力推进风能、太阳能规模化发展，积极培育抽水蓄能、储能、氢能产业，充分发挥生物质能、地热能等可再生能源非电利用多能互补优势，加快规划建设新型能源体系，取得显著成效。2021年河北省新增可再生能源发电装机容量1097.76万kW，其中风电、光伏发电新增装机容量达到1003.59万kW；可再生能源累计装机容量5859万kW，同比增长23.1%，水电、风电、光伏发电、生物质发电装机容量分别为182万kW、2546万kW、2921万kW、210万kW；利用水平持续提升，2021年可再生能源发电量882亿kW·h，同比增长36.7%，占全部发电量的22%。

新形势下，河北省可再生能源朝着大规模、高比例、市场化、高质量的目标迅猛发展，同时，对技术创新性、稳定可靠性、消纳充分性、管理规范性等提出了更高要求。"石可破也，而不可夺坚；丹可磨也，而不可夺赤"，大力发展可再生能源责任在肩、使命在心、担当在行、成竹在胸，对于促进河北省能源结构调整，有效防治大气污染，加快改善生态环境，建设生态美丽河北，助力全省实现碳达峰碳中和目标具有十分重要的意义。

《河北省可再生能源发展报告 2021》由河北省能源局、水电水利规划设计总院、河北省能源规划研究中心联合编写，坚持立足于积极稳妥推进碳达峰碳中和目标实现的新形势和新要求，全面总结了 2021 年河北省可再生能源发展成就，分析研判未来发展趋势，为河北省可再生能源发展提出建议。在报告编写过程中，得到了上级部门、相关机构和企业的大力支持和指导，在此谨致以衷心感谢！

编委会
二〇二二年十月

目　录
Content

1　发展综述　　1	1.1　2021年可再生能源发电装机情况	3
	1.2　2021年可再生能源发电量情况	4

2　发展概况　　7	2.1　世界可再生能源发展形势	9
	2.2　我国可再生能源发展形势	9
	2.3　河北省可再生能源发展形势	10

3　太阳能发电　　17	3.1　资源概况	19
	3.2　发展现状	20
	3.3　前期工作	22
	3.4　投资建设	23
	3.5　运行消纳	24
	3.6　技术进步	26
	3.7　发展特点	26

4 风电	29	4.1 资源概况	31
		4.2 发展现状	32
		4.3 前期工作	35
		4.4 投资建设	37
		4.5 运行消纳	38
		4.6 技术进步	40
		4.7 发展特点	41

5 抽水蓄能	43	5.1 发展基础	45
		5.2 发展现状	45
		5.3 投资建设	45
		5.4 运行情况	46
		5.5 技术进步	47
		5.6 发展方向	47

6 生物质能	49	6.1 资源概况	51
		6.2 发展现状	51
		6.3 外部条件	52
		6.4 运行情况	52
		6.5 保障措施	53

目录

7 地热能 — 55
- 7.1 资源概况 — 57
- 7.2 发展现状 — 57
- 7.3 前期管理 — 58
- 7.4 技术进步 — 58
- 7.5 发展特点 — 59

8 氢能 — 61
- 8.1 发展基础 — 63
- 8.2 发展现状 — 63
- 8.3 技术进步 — 64
- 8.4 发展特点 — 65

9 储能 — 67
- 9.1 发展现状 — 69
- 9.2 前期工作 — 70
- 9.3 投资建设 — 71
- 9.4 运行管理 — 71
- 9.5 技术进步 — 72

10 政策要点 — 75
- 10.1 综合类政策 — 77
- 10.2 新能源类政策 — 80
- 10.3 河北省政策 — 83

11 展望及建议 — 87

12 大事纪要 — 93

1 发展综述

截至 2021 年底,河北省风电、光伏发电装机总规模跃居全国第一位。全省新能源并网装机容量 5804 万 kW,居全国首位,占全省电力总装机容量的 52%。其中光伏发电、风电、生物质发电、抽水蓄能发电装机规模分别位居全国第二、第二、第九、第六位。2021 年全省可再生能源发电新增并网装机容量 1097.76 万 kW,其中,风电新增 272.75 万 kW,光伏发电新增 730.84 万 kW、农林生物质发电新增 3.6 万 kW、垃圾发电新增 91.52 万 kW。

1.1　2021 年可再生能源发电装机情况

截至 2021 年底,河北省各类电源总装机容量 11077.8 万 kW,同比增长 10.7%,其中,火电装机容量 5424.15 万 kW,同比增长 1.3%;可再生能源发电装机容量 5859 万 kW,同比增长 23.1%。2021 年可再生能源装机容量占全部电力装机容量的 52%,比 2020 年提高 5 个百分点。可再生能源装机中,水电装机容量 182 万 kW(含抽水蓄能 127 万 kW),与 2020 年持平;风电装机容量 2546 万 kW,同比增长 12%;太阳能发电装机容量 2921 万 kW,同比增长 33.4%;生物质发电装机容量 210 万 kW,同比增长 82.6%。

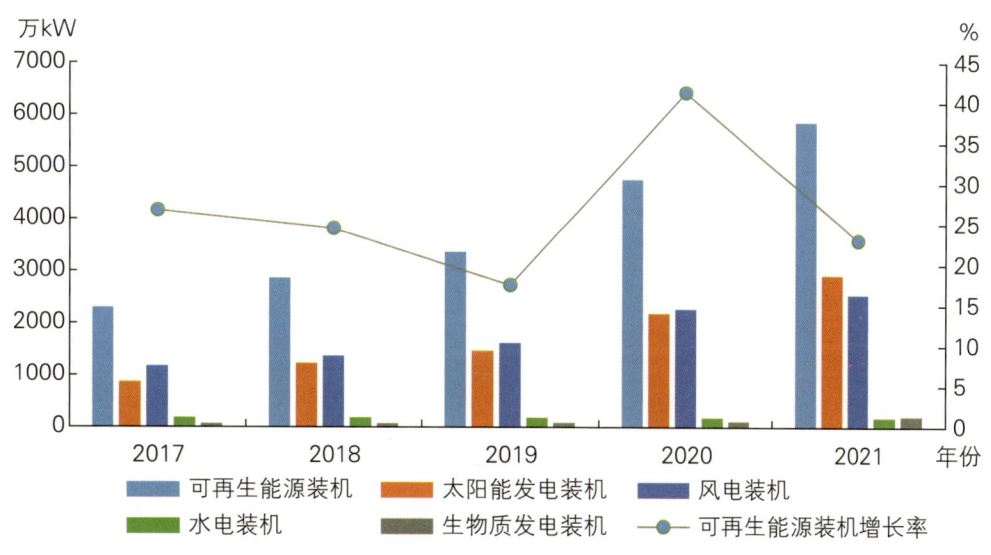

图 1.1-1　2017—2021 年可再生能源装机容量及增长率变化对比

表 1.1-1　2021 年和 2020 年各类电源累计装机容量

电源类型	装机容量 / 万 kW		同比增长 /%
	2021 年	2020 年	
总装机容量	11077.8	10007	10.7
可再生能源发电装机容量	5859	4761	23.1
太阳能发电	2921	2190	33.4
风电	2546	2274	12
水电	182	182	0
其中：抽水蓄能	127	127	0
生物质发电	210	115	82.6
火电	5424.15	5355	1.3

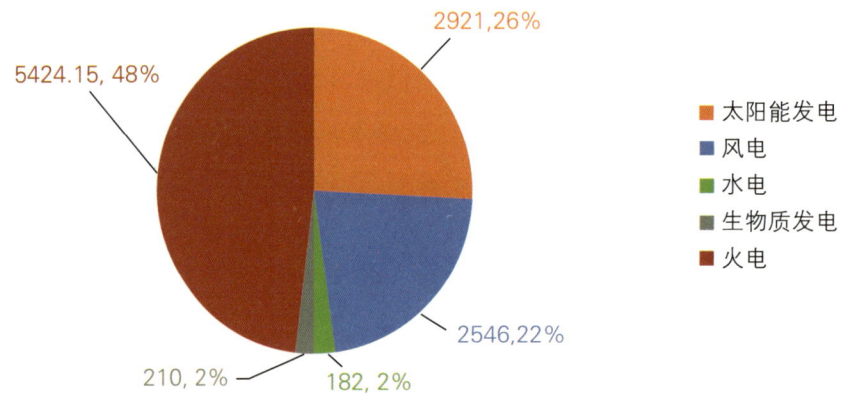

图 1.1-2　河北省 2021 年各类电源装机容量（万 kW）及占比

1.2　2021 年可再生能源发电量情况

2021 年，河北省各类电源全口径总发电量 3074 亿 kW·h，同比增长 4.4%。其中火电发电量 2259 亿 kW·h，同比下降 3.9%，可再生能源发电量 882 亿 kW·h，同比增长 36.7%，可再生能源发电量占全部发电量比例为 28.7%。可再生能源发电量中，水电发电量 13 亿 kW·h，同比增长 85.7%；风电发电量 512 亿 kW·h，同比增长 39.1%；太阳能发电量 279 亿 kW·h，同比增长 32.2%；生物质发电量 67 亿 kW·h，同比增长 31.4%。

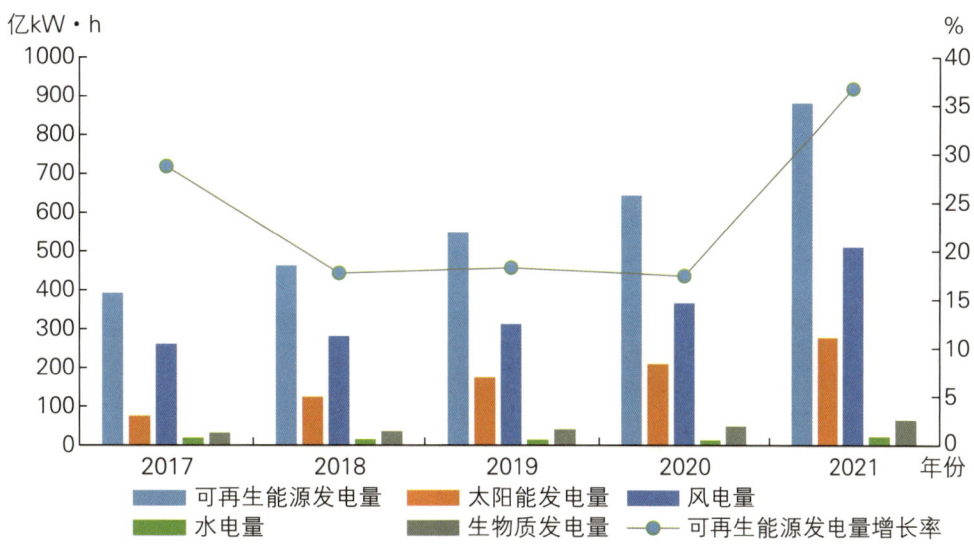

图 1.2-1　2017—2021 年可再生能源发电量及增长率变化对比

表 1.2-1　2021 年和 2020 年各类电源发电量一览表

电源类型	发电量 /（亿 kW·h）		同比增长 /%
	2021 年	2020 年	
总计	3074	2945	4.4
可再生能源发电	882	645	36.7
太阳能发电	279	211	32.2
风电	512	368	39.1
水电	13	7	85.7
生物质发电	67	51	31.4
火电	2259	2351	-3.9

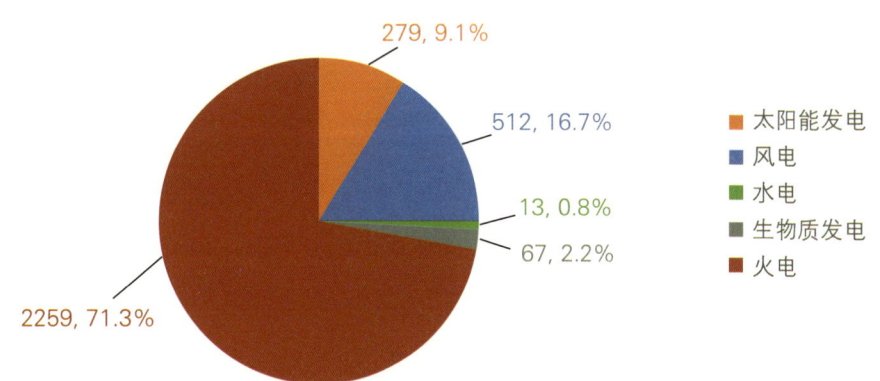

图 1.2-2　河北省 2021 年各类电源发电量（亿 kW·h）及占比

2021年，可再生能源发电量占全部发电量的28.7%，其中，水电占0.8%、风电占16.7%、太阳能发电占9.1%、生物质发电占2.1%。

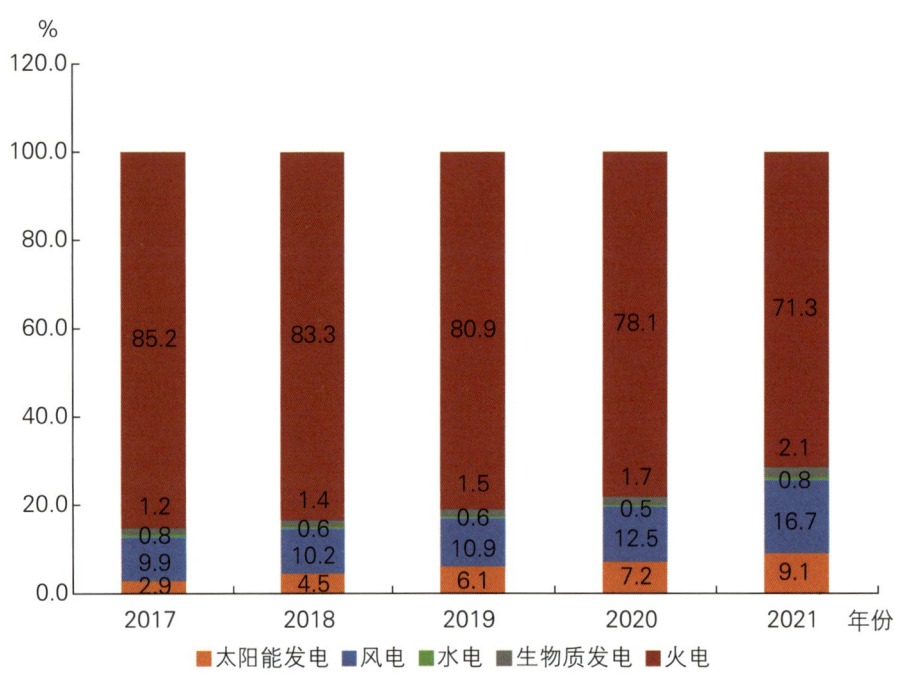

图 1.2-3　河北省 2017—2021 年各类电源发电量占比

表 1.2-2　河北省 2017—2021 年各类电源发电量占比一览表

电源类型	2017 年	2018 年	2019 年	2020 年	2021 年
可再生能源发电	14.8%	16.7%	19.1%	21.9%	28.7%
太阳能发电	2.9%	4.5%	6.1%	7.2%	9.1%
风电	9.9%	10.2%	10.9%	12.5%	16.7%
水电	0.8%	0.6%	0.6%	0.5%	0.8%
生物质发电	1.2%	1.4%	1.5%	1.7%	2.1%
火电	85.2%	83.3%	80.9%	78.1%	71.3%

2　发展概况

2 发展概况

2.1 世界可再生能源发展形势

近年来，世界各国政府高度重视能源安全保障、生态环境保护、气候变化应对等问题，并积极探索能源转型新路线，加快推进可再生能源开发利用。当前太阳能光伏发电和陆上风电已成为多数国家新增电源的最优选择。预计2022—2026年，全球可再生能源发电装机增量将占到总发电装机增量的95%。

国际可再生能源署（IRENA）发布的2022年《全球可再生能源装机容量统计年鉴》显示，截至2021年底，全球可再生能源发电装机容量达到30.64亿kW，同比增长9.1%，其中，水电累计装机容量13.6亿kW，同比增长1.9%；风电累计装机容量8.25亿kW，同比增长12.7%；太阳能发电累计装机容量8.49亿kW，同比增长18.5%；其他部分累计装机容量0.3亿kW，同比增长30.4%。太阳能发电和风电新增装机容量占到全球总新增装机容量的88%，持续占据主导位置。亚洲可再生能源发电累计装机容量达14.6亿kW，其新增装机容量占全球可再生能源发电新增装机容量的比重达到60%，其中中国新增装机容量最多，为1.21亿kW。

2.2 我国可再生能源发展形势

为有效提升能源安全保障水平，改善环境污染，积极应对日益增大的气候变化压力，国家提出"四个革命、一个合作"能源安全新战略，构建清洁低碳、安全高效的现代能源体系，实施能源绿色低碳发展，推动清洁能源成为能源增量主体。大力发展水能、风能、太阳能等可再生能源，构建高比例可再生能源体系是构建现代能源体系的重要路径，是优化能源结构、保障能源安全、推进生态文明建设的重要举措。

我国在联合国大会和气候雄心峰会上庄严宣布，中国将提高国家自主贡献力度，采取更加有力的政策和措施，力争2030年前二氧化碳排放达到峰值，努力争取2060年前实现碳中和。到2030年，中国单位国内生产总值二氧化碳排放将比2005年下降65%以上，非化石能源占一次能源消费比重将达到25%左右，风电、太阳能发电总装机容量将达到12亿kW以上。上述目标充分体现了我国应对气候变化的力度，彰显了中国积极应对气候变化、走绿色低碳发展道路的坚定决心。

截至 2021 年底，我国可再生能源发电装机容量 106394 万 kW，同比增长约 14.4%，占全口径总发电装机容量的 44.8%。其中，水电装机容量 39092 万 kW（含抽水蓄能发电装机容量 3639 万 kW），占全部发电装机容量的 16.4%；风电装机容量 32848 万 kW，占全部发电装机容量的 13.8%；太阳能发电装机容量 30656 万 kW，占全部发电装机容量的 12.9%；生物质发电装机容量 3738 万 kW，占全部发电装机容量的 1.6%。

2021 年，我国可再生能源发电量 24864 亿 kW·h，同比增长约 12.1%，占全口径总发电量的 29.7%。可再生能源利用总量达 7.5 亿 tce，占一次能源消费总量的 14.2%。可再生能源发电量中，水电发电量 13401 亿 kW·h，占全部发电量的 16.0%；风电发电量 6556 亿 kW·h，占全部发电量的 7.8%；太阳能发电量 3270 亿 kW·h，占全部发电量的 3.9%；生物质发电量 1637 亿 kW·h，占全部发电量的 2.0%。2021 年风电、太阳能发电和生物质发电等非水可再生能源发电量 11463 亿 kW·h，占可再生能源发电量的 46.1%。

综合来看，伴随着中国能源生产和消费革命的加快推进，能源生产质量将逐步提高，能源消费基本保持稳定增长态势。消费结构方面，可再生能源消费占比不断提升，在逐渐成为能源消费增量主体的同时，逐步走向存量替代。可再生能源生产方面，常规水电和抽水蓄能发电仍有一定的发展潜力和发展空间；随着技术进步、成本下降和系统灵活性提升，新能源逐渐成为可再生能源的增量主体，但总体来看，新能源发电量在全国总发电量中的占比仍低于世界平均水平。

2.3 河北省可再生能源发展形势

（1）河北省可再生能源发电装机容量及发电量稳步增长

河北省可再生能源资源丰富，风电、太阳能发电等可再生能源发电发展空间大。2017 年以来，河北省可再生能源发电装机容量和发电量保持稳步增长。

2017—2021 年，河北省可再生能源发电装机容量平均增长率为 27.25%。从全省电力装机情况看，可再生能源发电装机容量占总电力装机容量比例从 2017 年的 34% 提升到 2021 年的 52.9%，火电装机容量占总电力装机容量比例从 62.9% 下降到 45.2%。2017—2021 年，可再生能源发电量平均年增长率约 17%，可再生能源发电量占全省总发电量的比例从 2017 年的 15% 提升到 2021 年的 28.7%。

从装机容量增量来看，2017—2021 年可再生能源发电新增装机容量在总新增装机容量中占比普遍较高，2021 年可再生能源发电新增装机容量为 1098 万 kW。

从发电量增量来看，2018 年起可再生能源发电量已成为发电增量的主体，占比超过 50%；

2020 年起，可再生能源发电量占新增发电量的比例超过 100%，开始发挥存量替代作用。2021 年可再生能源发电量为 882 亿 kW·h。

表 2.3-1　河北省 2017—2021 年可再生能源发电装机容量及新增装机容量一览表

项目	2017 年	2018 年	2019 年	2020 年	2021 年
可再生能源发电装机容量 / 万 kW	2301	2866	3369	4761	5859
总装机容量 / 万 kW	6807	7411	8304	9918	11077
可再生能源发电装机容量占比	34%	39%	41%	48%	53%
新增可再生能源发电装机容量 / 万 kW	486	565	503	1392	1098
新增总装机容量 / 万 kW	534	604	893	1614	1159
新增可再生能源发电装机容量占新增总装机容量的比例	91%	94%	56%	86%	95%

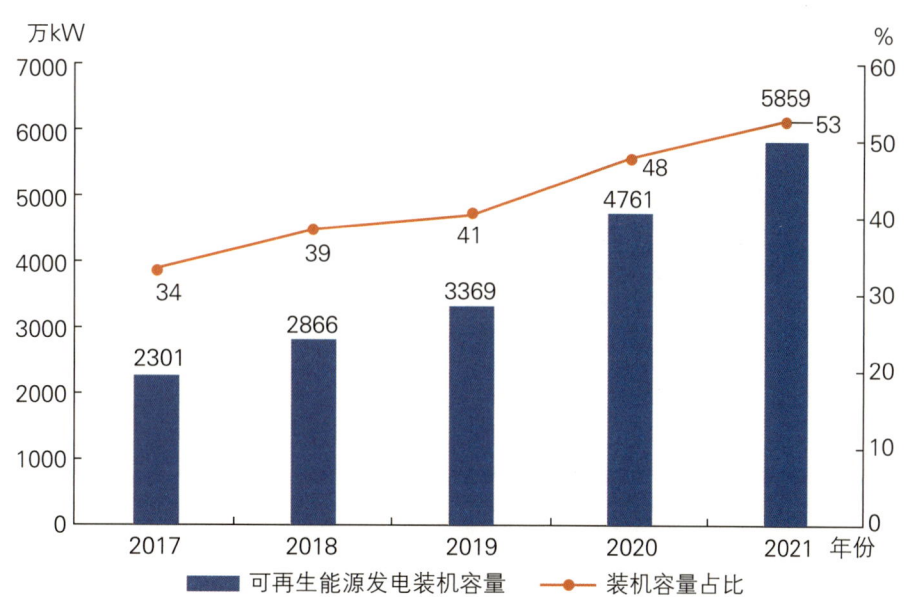

图 2.3-1　河北省 2017—2021 年可再生能源发电装机容量

表 2.3-2　河北省 2017—2021 年可再生能源发电量及新增发电量一览表

项目	2017 年	2018 年	2019 年	2020 年	2021 年
可再生能源发电量 / 亿 kW·h	394	464	549	645	882
总发电量 / 亿 kW·h	2657	2787	2883	2945	3074
可再生能源发电量占比	15%	17%	19%	22%	29%
新增可再生能源发电量 / 亿 kW·h	88	70	85	96	237
新增总发电量 / 亿 kW·h	181	130	96	62	129
新增可再生能源发电量占新增总发电量的比例	49%	54%	89%	155%	184%

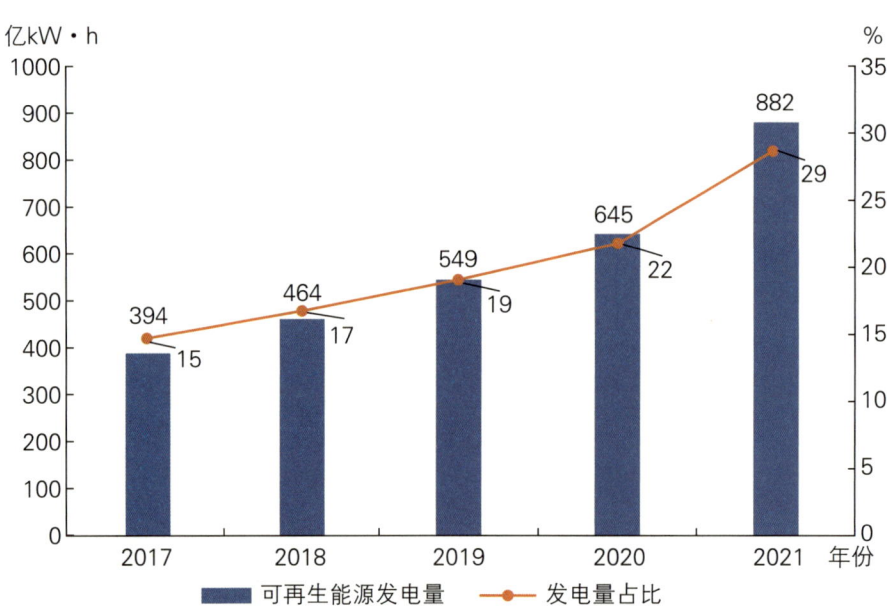

图 2.3-2　河北省 2017—2021 年可再生能源发电量

(2) 风电、太阳能发电是河北省可再生能源发展绝对主力

2017—2021 年，河北省风电、太阳能发电等新能源发电发展迅速，风电、太阳能发电装机容量及发电量在河北省可再生能源总装机容量及总发电量中占比均保持较高水平。截至 2021 年底，河北省可再生能源发电累计装机容量达 5859 万 kW，风电、太阳能发电装机容量在可再生能源发电装机容量中的占比达到 93%；2021 年风电、太阳能发电量在可再生能源发电量中的占比达到 89.6%。

表 2.3-3　2017—2021 年河北省风电、太阳能发电装机容量一览表

项目	2017 年	2018 年	2019 年	2020 年	2021 年
风电、光伏发电装机容量 / 万 kW	2049	2610	3098	4464	5467
可再生能源发电装机容量 / 万 kW	2301	2866	3369	4761	5859
风电、光伏发电装机容量占比	89%	91%	92%	94%	93%
新增风电、光伏发电装机容量 / 万 kW	470	561	488	1366	1003
新增可再生能源发电装机容量 / 万 kW	486	565	503	1392	1098
新增风电、光伏发电装机容量占新增可再生能源发电装机容量的比例	97%	99%	97%	98%	91%

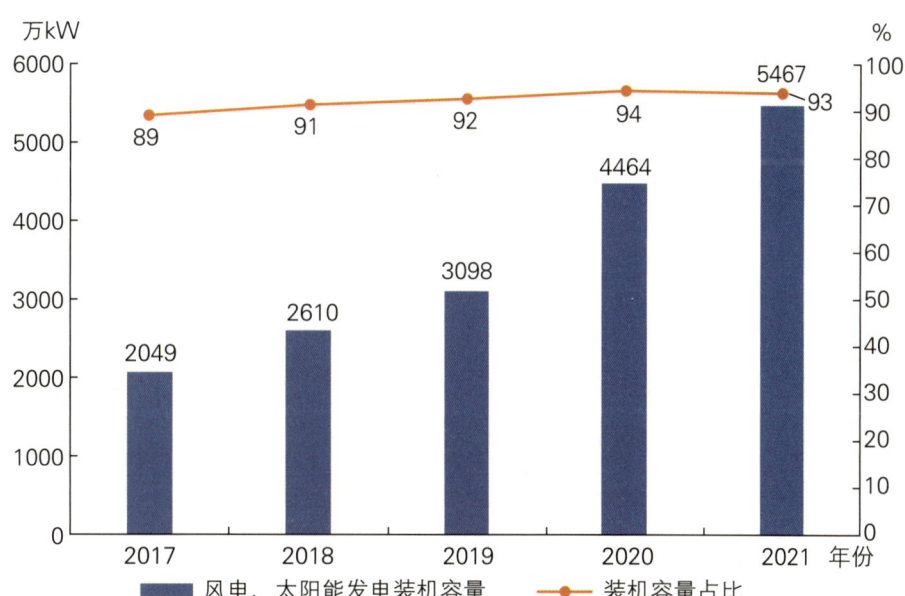

图 2.3-3　河北省 2017—2021 年风电、太阳能发电装机容量

表 2.3-4　2017—2021 年河北省风电、太阳能发电量一览表

项目	2017 年	2018 年	2019 年	2020 年	2021 年
风电、光伏发电量 / 亿 kW·h	340	409	490	579	790
可再生能源发电量 / 亿 kW·h	394	464	549	645	882
风电、光伏发电量占比	86%	88%	89%	90%	90%
新增风电、光伏发电量 / 亿 kW·h	84	69	81	89	211
新增可再生能源发电量 / 亿 kW·h	88	70	85	96	237
新增风电、光伏发电量占比	95%	99%	95%	93%	89%

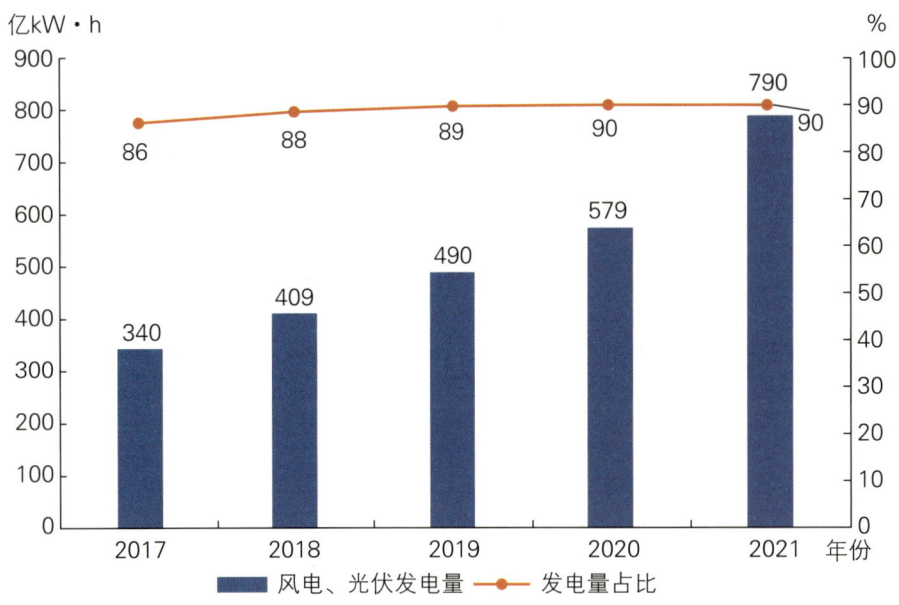

图 2.3-4　河北省 2017—2021 年风电、太阳能发电量

(3) 多能互补综合开发，推动可再生能源产业发展

为推进河北省现代能源经济高质量发展，加快可再生能源产业发展模式转变，将新能源技术开发的经济效益和社会效益相结合，建设一批"源网荷储"一体化、"风光火储"一体化示范工程，形成高比例本地消纳和外送相结合的新能源发展模式。推动大型技术创新示范基地、多能互补新能源示范工程建设，推进分布式可再生能源电力开发。

推动数字化技术与新能源产业深度融合发展，稳步推进以市场化为导向的能源体制改革，创新驱动新技术、新模式、新业态发展和推广应用。

(4) 独立储能将迎来市场机遇

2022 年 5 月下旬，河北省发文支持全省电网侧独立储能项目发展。根据河北省发展改革委印发的《全省电网侧独立储能布局指导方案》进行测算分析，全省"十四五"期间电网侧独立储能总体需求规模约 1700 万 kW，其中冀北电网需求 900 万 kW，河北南网需求 800 万 kW。

同年 5 月，河北省发布了《2022 年度列入省级规划电网侧独立储能示范项目清单》，涉及 31 个电网侧独立储能示范项目，总计规模达 506 万 kW。

（5）抽水蓄能电站有序发展

全省抽水蓄能电站规划和建设紧跟国家步伐，已投运丰宁抽水蓄能电站一期工程装机规模127万kW。省内在建抽水蓄能电站中，丰宁360万kW机组、尚义35万kW机组、易县30万kW机组计划在"十四五"期间投产，尚义105万kW机组、易县90万kW机组、抚宁120万kW机组计划在"十五五"期间投产。列入国家规划"十五五"重点实施的抽水蓄能电站项目主要包括隆化存瑞二期140万kW抽水蓄能电站。

3 太阳能发电

3.1 资源概况

河北省全境处于太阳能资源"很丰富带",太阳能资源由南向北递增,张家口、承德一带资源条件最好,平均在 1500kW·h/m² 以上。其中,张承地区的西北部(康保、尚义、沽源)最高,在 1600kW·h/m² 以上。

河北省太阳能资源覆盖二类资源区和三类资源区。冀北区域属于二类资源区,理论发电年等效小时数可达到 1450~1550h,冀南区域六个市属于三类资源区,平均达到 1300h。具备地面光伏电站、农光互补太阳能发电、光电建筑一体化等多种形式的开发建设条件,太阳能发电开发潜力大。

根据《中国风能太阳能资源年景公报(2021年)》,2021年全国太阳能资源总体为偏小年景,全国平均年水平面总辐照量为 1493.4kW·h/m²,较近 30 年(1991—2020 年)平均值低 25.6kW·h/m²,较近 10 年平均值低 19.3kW·h/m²,较 2020 年低 40kW·h/m²。全国年水平面总辐照量距平分布有地区性差异,总体来看,北方地区总辐照量较常年偏低,南方地区总辐照量较常年偏高。

2021 年,河北省水平面总辐照量为 1438.98kW·h/m²,同比增长 -1.34%。最佳斜面总辐照量为 1699.66kW·h/m²,同比增长 -2.35%。其中,河北北部属于 2021 年全国太阳能很丰富的地区之一。

有关研究显示,2020—2030 年,河北省各市太阳能技术可开发容量约 12200 万 kW,其中,张家口、保定、承德和沧州的可开发容量占总可开发容量的比重最大,分别为 23.23%、13.44%、13.03% 和 12.95%。通过比较各市可用于光伏发电的未利用面积,分析出张家口、保定、承德三市未利用面积较大,项目开发更容易,可确定为 2020—2030 年河北省最适合开发光伏发电项目的 3 个区域,此外定州、辛集可确定为河北省光伏发电资源量最低的 2 个区域。

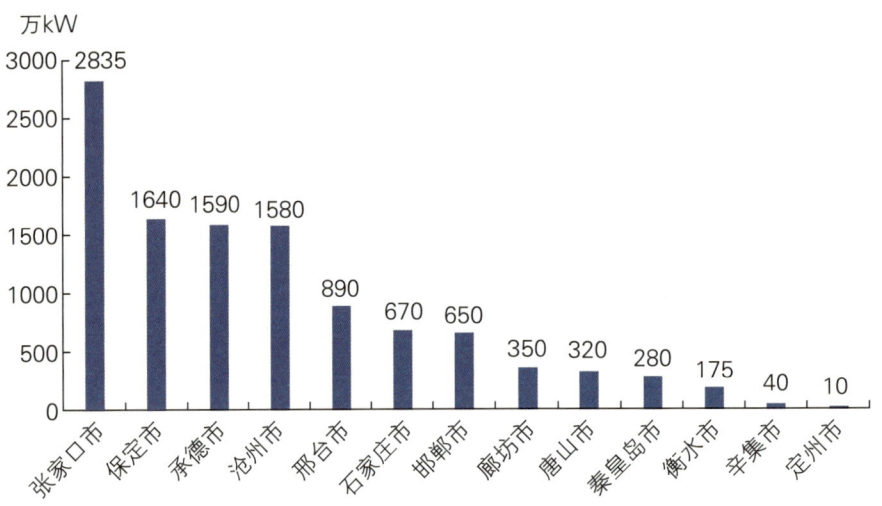

图 3.1-1　河北省各市集中式光伏可开发容量（2020—2030 年）

3.2　发展现状

（1）装机规模平稳增长

根据国家能源局《2021 年光伏发电建设运行情况》，2021 年全国新增光伏发电并网容量为 5488 万 kW。各省份中，河北省光伏发电并网容量居第二位，为 731 万 kW，同比增长 2.1%。

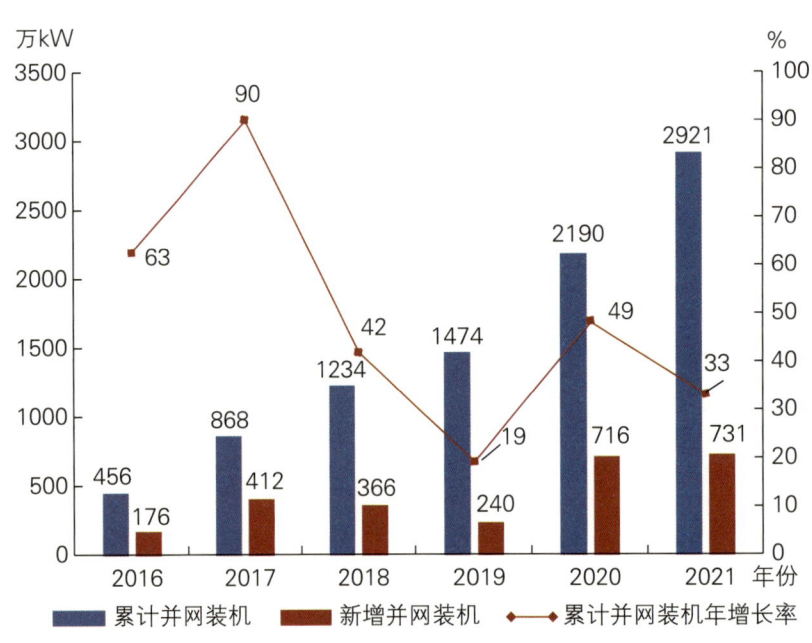

图 3.2-1　2016—2021 年河北省太阳能发电并网装机容量及变化趋势

太阳能发电

截至 2021 年底,河北省累计光伏发电并网容量为 2921.3 万 kW,其中,国网河北省电力有限公司管辖区域(以下简称河北南网)累计光伏发电并网容量 1854.4 万 kW(集中式光伏发电并网容量 826.9 万 kW,分布式光伏发电并网容量 1027.6 万 kW),国网冀北电力有限公司管辖区域(以下简称冀北电网)累计光伏发电并网容量 1066.9 万 kW。

分市看,河北省太阳能发电装机主要集中在张家口、邢台、保定、石家庄、沧州 5 个市。截至 2021 年底,张家口、邢台、保定、石家庄、沧州五市的光伏发电并网装机容量分别为 638 万 kW、440 万 kW、354 万 kW、342 万 kW、314 万 kW。

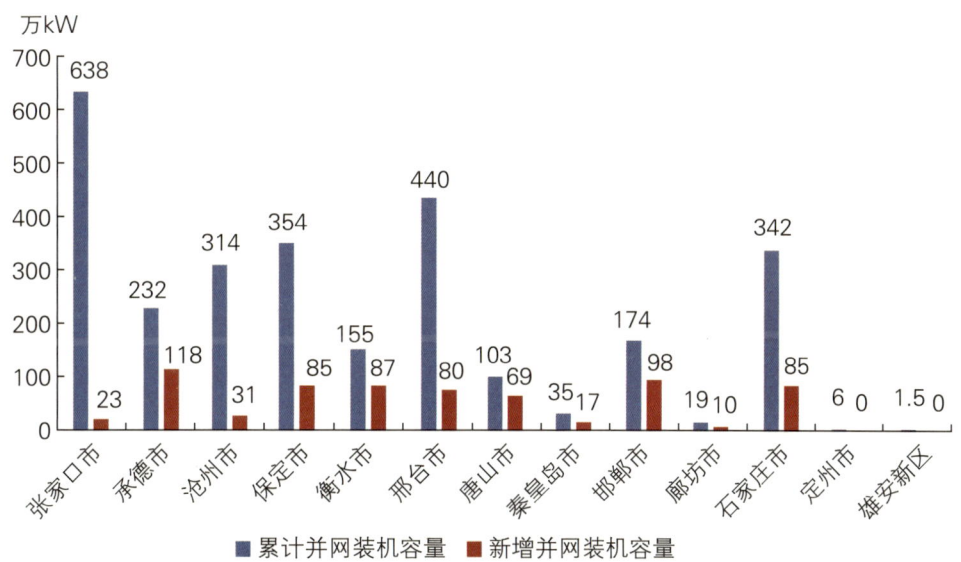

图 3.2-2　2021 年河北省各地市光伏发电并网装机容量

(2) 发电量持续增长

"十三五"以来,年光伏发电量占河北省电源总发电量比重持续平稳增长。2021 年,河北省光伏发电量达到 279.32 亿 kW·h,同比增长 32.66%,占本地全部电源发电量的 9.1%。其中,河北南网光伏发电量达到 157.48 亿 kW·h,同比增长 55.81%;冀北电网光伏发电量达到 121.84 亿 kW·h,同比增长 11.29%。

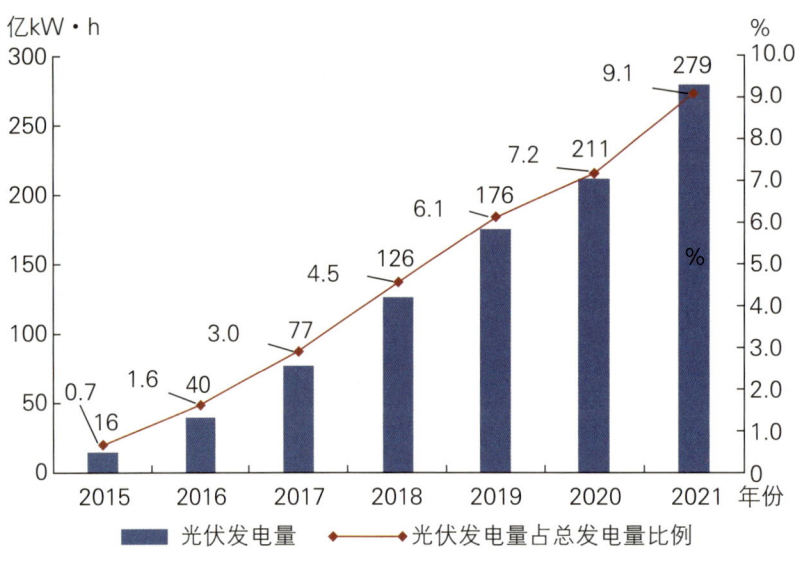

图 3.2-3　2015—2021 年河北省光伏发电量及变化趋势

3.3　前期工作

(1) 光伏基地规划建设有序进行

2020 年 7 月 17 日，河北省发展改革委印发《关于加快推进风电、光伏发电在建项目建设的通知》（冀发改能源〔2020〕1051 号），提出要加快推进已批复光伏发电项目并网建设。2019 年竞价光伏发电项目，2019 年第一、二批平价光伏发电项目，张家口可再生能源示范区示范项目需在 2021 年 6 月 30 日前并网。

2021 年 7 月 2 日，河北省发展改革委印发《关于做好 2021 年风电、光伏发电开发建设有关事项的通知》，要求光伏发电保障性并网规模 1584 万 kW，并明确光伏发电项目应于 2022 年 12 月 31 日前全容量建成并网。

2021 年 9 月 18 日，河北省发展改革委印发《关于下达河北省 2021 年风电、光伏发电保障性并网项目计划的通知》（冀发改能源〔2021〕1278 号），下达 2021 年光伏发电保障性并网计划项目 78 个、1141.08 万 kW。具备接入规划变电站项目 43 个、722 万 kW（以下简称"规划类项目"），将纳入各市"十四五"规划项目管理，其中包括光伏发电项目 21 个、345 万 kW，风光一体化项目 4 个（涉及光伏 38 万 kW）。

2021 年 11 月 23 日，河北省发展改革委公示《国家第一批大型风电光伏基地项目》，河北省安排大型风电光伏发电基地项目 3 个，装机容量合计 300 万 kW，其中光伏发电 150 万 kW、风电 150 万 kW。

2021年12月31日，河北省发展改革委印发《关于下达河北省2021年风电、光伏发电市场化并网项目计划的通知》（冀发改能源〔2021〕1837号），公布了2021年市场化光伏发电项目921万kW，以及542万kW"十四五"风电、光伏发电市场化并网规划项目（2024—2025年落地）。在规划的542万kW市场化项目名单中，风电项目140万kW，光伏发电项目402万kW。

(2) 有序推进太阳能发电项目统一竞价工作

根据国家能源局发布的《关于2020年风电、光伏发电项目建设有关事项的通知》（国能发新能〔2020〕17号），补贴竞价项目（包括集中式光伏电站和工商业分布式光伏发电项目）按10亿元补贴总额组织项目建设。河北、内蒙古等15个省（区、市）和新疆生产建设兵团的434个项目纳入2020年国家竞价补贴范围，总装机容量2596.72万kW。纳入补贴容量最多的三个省份为贵州（522万kW）、宁夏（408万kW）、河北（358万kW）。

(3) 大力推进光热发电试点项目

察北管理区位于张家口北部坝上地区，前身是国营察北牧场。经过70年的建设和发展，察北管理区先后被授予"国家级农垦现代农业示范区""国家级农业产业化示范基地""国家农机标准化示范基地""省级循环经济示范区""省级现代农业园区"和"市级现代农业高新技术示范区"。

为建设首都水源涵养功能区和生态环境支撑区，2020年，河北张家口市察北管理区管理委员会发布《察北管理区首都水源涵养功区和生态环境支撑区建设规划（2019—2035年）（送审稿）》，指出要大力发展光伏和光热发电，着力建设光伏开发应用基地。

(4) 监测机制引导投资布局持续优化

2020年3月，《国家能源局关于发布〈2020年度风电投资监测预警结果〉和〈2019年度光伏发电市场环境监测评价结果〉的通知》（国能发新能〔2020〕24号）指出，河北省按照橙色预警管理。要求各省级能源主管部门与当地省级电网企业充分沟通，对所在省级区域光伏发电新增装机容量的接网和消纳条件进行测算论证，有序组织项目建设。监测评价结果为橙色的地区，在提出有效措施保障改善市场环境的前提下合理控制新建项目。

3.4 投资建设

太阳能发电成本优势初显。2021年，我国太阳能应用市场持续稳定发展，太阳能产业全产业链规模化发展带动技术进步和组件价格下降效果显著。同时，全国太阳能发电统一竞争性配置等竞争机制，引导企业加强系统优化和成本控制，太阳能发电初始投资成本进一步下降。2021年，河北省光伏电站单位千瓦平均造价约4500元。

光伏发电系统建设投资主要由光伏组件、逆变器、支架、电缆等主要设备成本，以及建设费用、土地成本和前期开发及管理费用等构成。以河北省典型光伏电站为例，光伏组件占到了建设投资的50%左右，仍是最主要的构成部分。光伏发电系统的建设，根据建设方案不同，投资略有浮动，以下分别按平单轴、固定可调、固定式三种方案分析其详细成本构成。

表3.4-1　2021年河北省光伏项目单位千瓦建设投资构成

方案类别	组件+安装	支架+安装+基础	逆变器及箱变+安装+基础	其他电气（接地、调试、车辆等）	其他土建（电缆沟、围栏等）	建设用地费	升压站、集电、储能	送出线路	其他费用（管理费、生产准备费等）
平单轴	46%	17%	4%	1%	2%	4%	15%	2%	6%
固定可调	49%	15%	5%	1%	3%	3%	15%	2%	6%
固定式	51%	14%	5%	1%	3%	3%	15%	2%	6%

3.5　运行消纳

（1）利用小时数同比略有下降

2021年河北省太阳能发电平均利用小时数为1151h，受电网消纳能力不足、资源同比下降等因素影响，较2020年减少130h，同比下降11.3%。其中，河北南网太阳能发电平均利用小时数为1039h，冀北电网太阳能发电平均利用小时数为1338h。

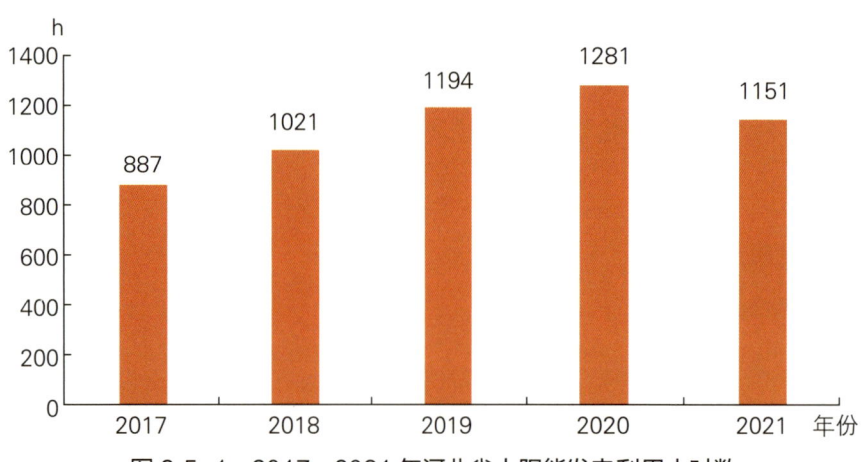

图3.5-1　2017—2021年河北省太阳能发电利用小时数

(2) 电力消纳情况小幅波动

2021年河北省弃光电量为5.06亿kW·h,较2020年增加2.24亿kW·h,弃光率较2020年增长0.5个百分点。其中,河北南网弃光电量为1.57亿kW·h,较2020年增加1.57亿kW·h,弃光率1.0%,较2020年增长1个百分点;冀北电网弃光电量为3.41亿kW·h,较2020年增加1.71亿kW·h,弃光率2.8%,较2020年增长1.4个百分点。

为减少弃光弃电,已采取的主要措施如下:

一是项目布局持续优化。河北省按照太阳能发电市场环境监测评价结果,合理控制张承地区、保定西部、石家庄北部等限电严重地区光伏产业发展节奏。

二是坚持集中式和分布式光伏发电发展并举。积极支持各地区分布式光伏发电开发,促进电力的就地消纳。

三是持续提升新能源参与电力市场化交易比重,提高跨省输电通道送电能力,进一步加强电力系统灵活性等。

四是推进储能建设。对于新能源项目明确储能配置要求,按照集约化、共享化原则布局共享储能项目,提高新能源消纳能力。

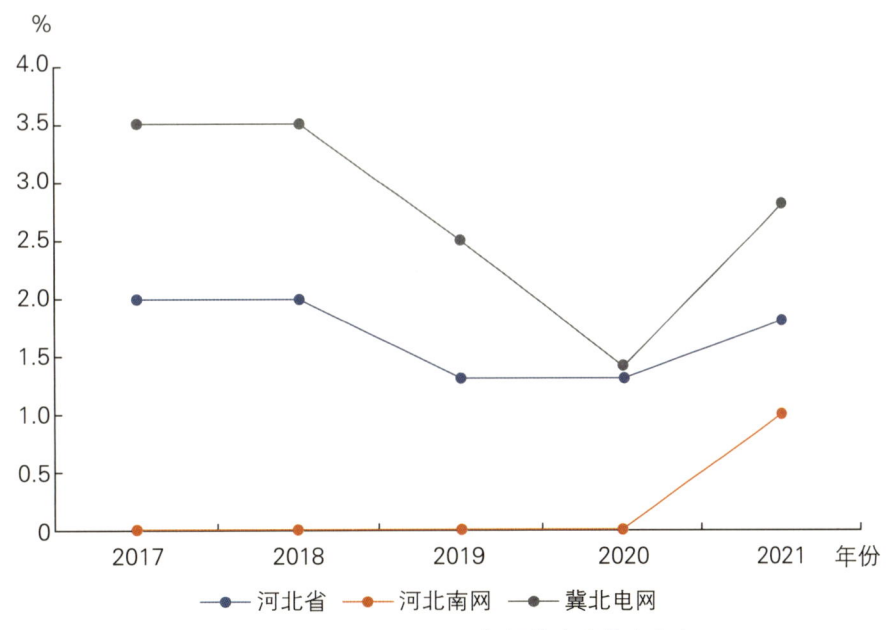

图 3.5-2　2017—2021年河北省光伏弃光率

3.6 技术进步

(1) 生产设备技术提升，产业链完整

河北省作为光伏大省，拥有晶棒、铸锭、硅片、电池片、组件、发电应用系统及装备制造产业，产业链条较为完整，晶硅电池及组件制造环节优势明显，产业规模居全国前列。

目前 P 型晶硅电池占据晶硅电池市场的绝对份额。P 型电池的 PERC 技术在单晶电池领域体现了更好的溢价优势和发展空间，可将单晶转化效率从 19.0%~19.2% 提升至 20.0%~20.2%。N 型单晶硅较常规的 P 型单晶硅具有少子寿命高、光致衰减小等优点，最高功率输出性能提高 10%~15%，具有发电量高和可靠性高的双重优势。

目前，常州天合光能有限公司（天合光能）、乐叶光伏科技有限公司（乐叶）等组件企业一直在主攻 P 型电池技术制造组件，英利绿色能源控股有限公司（英利）、晶澳太阳能控股有限公司（晶澳）等组件企业在主攻 N 型电池工艺技术。

河北省光伏企业中，入围工信部光伏行业规范管理企业的达到 9 家，龙头企业带动作用不断增强。晶澳科技入选国家智能光伏试点示范，居 2021 年"中国民营企业 500 强"第 430 位和"中国制造业民营企业 500 强"第 242 位。

(2) 智能运维方式得到应用，电站发电能力提高

2021 年，河北省太阳能电站的运维水平得到明显提升。无人机巡检平台、远程运维等智能化运维方式得到实际应用，有效降低了人工巡检过程中的误差率，减少了企业的维修成本、人工成本，经济社会效益良好；投资主体对先进设备、优化布置形式、精细化设计等方面越发重视，太阳能电站发电能力逐步增强。

3.7 发展特点

(1) 太阳能发电占比提高，资源利用水平提升

2021 年河北省太阳能全年发电量 279.32 亿 kW·h，占各类电源全部发电量的 9.1%，较

2020 年提高了 1.9 个百分点。其中，河北南网太阳能发电量 157.48 亿 kW·h，同比增长 55.81%；冀北电网太阳能发电量 121.84 亿 kW·h，同比增长 11.29%。

(2) 集中式太阳能发电呈现规模化、基地化发展

河北省集中式光伏项目规模化、基地化发展逐渐成为主流。2021 年河北省被纳入国家第一批大基地项目 3 个，共计 300 万 kW，未来几年河北省尤其是张承地区大型风光基地并网规模将逐步加大，需通过调整电源结构、优化提升外送通道、发展抽水蓄能和新型储能项目，建设一批"源网荷储"一体化、"风光火储"一体化示范工程。采用高比例本地消纳和外送相结合的新能源基地模式，进一步提高新能源利用率。按照国家"十四五"电力规划，河北省将建设张北一胜利、大同一怀来一天津北 1000 千伏特高压工程，提升电力保障能力和新能源输电能力。

(3) 太阳能发电实现平价上网

2021 年 7 月，国家发展改革委发布的《关于 2021 年新能源上网电价政策有关事项的通知》（发改价格〔2021〕833 号）指出，为充分发挥电价信号作用，合理引导投资、促进资源高效利用，推动新能源高质量发展，从 2021 年起，对新备案集中式光伏电站、工商业分布式光伏发电项目，中央政府不再补贴，实现平价上网。2021 年新建项目上网电价，按当地燃煤发电基准价执行；新建项目可自愿通过参与市场化交易形成上网电价，以更好体现光伏发电的绿色电力价值。

(4) 户用光伏迅速发展

据国家能源局统计，2021 年全国户用光伏发电新增装机容量 2159 万 kW，其中河北省户用光伏发电新增装机容量 534 万 kW，位居第二。截至 2021 年底，河北省在建户用光伏类发电项目已突破 50 万户，2021 年新增 20 万户。总体而言，河北南网下的 6 个区域——石家庄、邯郸、邢台、保定、沧州、衡水，户用光伏发展较为稳健快速，累计光伏发电装机容量约 860 万 kW，43 万户每户平均装机容量约 20kW。冀北地区的 5 个市——唐山、承德、秦皇岛、廊坊、张家口，户用光伏发电累计装机容量约 120 万 kW，8 万户每户平均装机容量约 15kW。河北省户用光伏发电装机容量限额基本满足国家在 50kW 以内的规定，2021 年单体光伏发电装机容量在 25~30kW 的户数占比在 70% 左右。

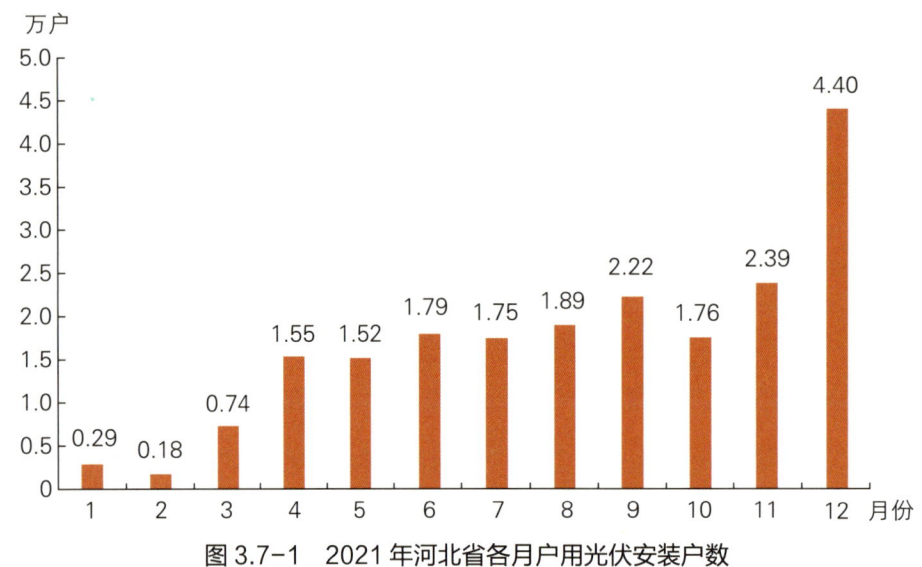

图 3.7-1　2021 年河北省各月户用光伏安装户数

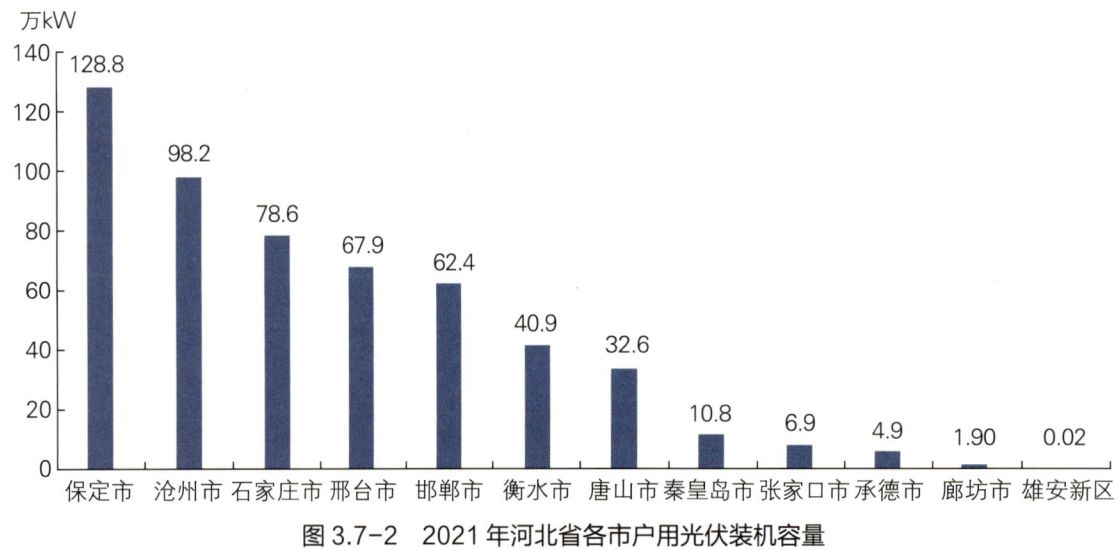

图 3.7-2　2021 年河北省各市户用光伏装机容量

《中共中央　国务院关于做好 2022 年全面推进乡村振兴重点工作的意见》指出，"要巩固光伏扶贫工程成效，在有条件的脱贫地区发展光伏产业。深入实施农村电网巩固提升工程。推进农村光伏、生物质能等清洁能源建设。"

农村地区生产生活用电不断增长，逐渐成为我国未来电力需求增长的重要组成部分。同时，农村用电需求增加也对能耗和排放提出了新要求。考虑到农村地区的广袤性和远远低于城市的人口密度，采用"自发自用"方式在用户侧发展新能源，可以就近供电，减少输电成本。未来，户用光伏的发展将成为必然趋势。

4 风 电

4 风电

4.1 资源概况

河北省属于我国风能资源丰富省份之一，省内风能资源丰富区域主要分布在张家口、承德坝上地区和沿海秦皇岛、唐山、沧州地区。其中，张家口坝上地区100m高年平均风速可达5.4~8.0m/s，主要分布在康保、沽源、尚义、张北的低山丘陵区和高原台地区；承德坝上地区100m高年平均风速可达5.0~7.9m/s，主要集中在围场北部和西部、丰宁北部和西北部、平泉西部；沿海地区风能资源主要分布在秦皇岛、唐山、沧州的沿海滩涂，100m高年平均风速在5.0~7.0m/s左右。全省风能资源技术可开发量达到8000万kW以上，其中陆上技术可开发量超过7000万kW，近海技术可开发量超过1000万kW。

随着风电技术的发展，越来越多的低风速地区的风能资源逐步得到开发利用，其中，保定西部和北部山区，石家庄、邢台、邯郸的西部山区和东部平原地区，衡水市、廊坊市等地区的风能资源均具有一定的开发价值，100m高年平均风速在4.5~6.5m/s。唐山海域海上100m高度层年平均风速在7.0m/s以上，受台风影响小，年等效利用小时数在3000h左右，技术可发量超过800万kW。

根据《中国风能太阳能资源年景公报（2021年）》，2021年全国风能资源为正常略偏大年景。100m高度年平均风速较近10年（2011—2020年）偏高0.18%，较2020年偏高1.31%。70m高度年平均风速约5.5m/s，年平均风功率密度约196.7W/m^2，其中，山西、四川、河南、内蒙古、宁夏较近10年平均值偏高；上海、贵州、海南、广东、青海、湖南、北京、甘肃偏低；河北省与近10年平均值接近，2021年风能资源为正常年景。

河北省各市风力发电资源分布

经统计，2020—2030年，河北省各市风电技术可开发容量约6300万kW，其中，张家口占总可开发容量的27.14%，承德占总可开发容量的25.23%，两市总和占比超过总可开发容量的半数，是河北省最适合开发风电资源的2个区域；定州、辛集风电资源较少，是河北省风电资源可开发容量最低的2个区域。

4 河北省可再生能源发展报告 2021

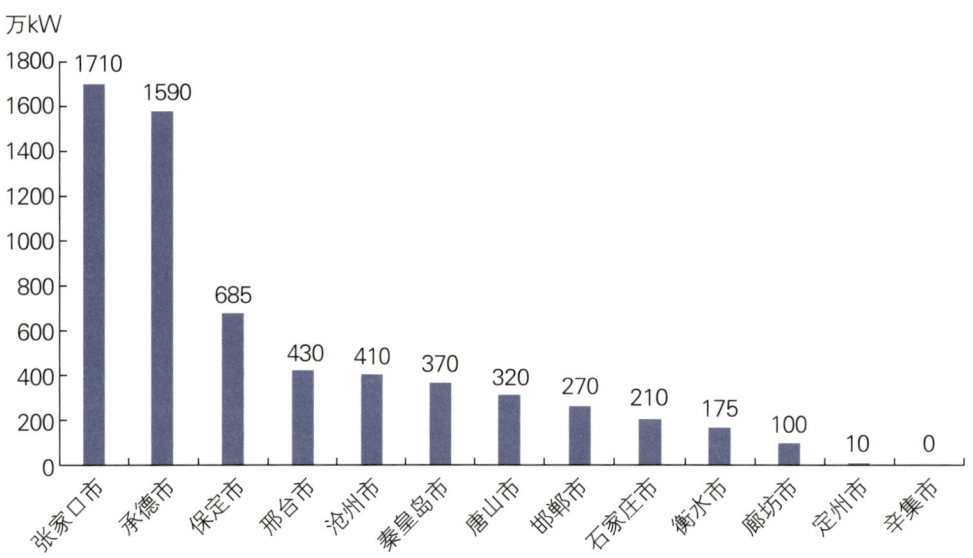

图 4.1-1　河北省各市风电技术可开发量

4.2　发展现状

（1）装机规模平稳增长

截至 2021 年底，河北省陆上风电装机规模达到 2516.37 万 kW，海上风电装机规模达到 30 万 kW，风电累计并网装机容量 2546.37 万 kW（排全国第 2 位），同比增长 12.00%。其中，河北南网风电累计并网装机容量 390.96 万 kW，同比增长 2.00%；冀北电网风电累计并网装机容量

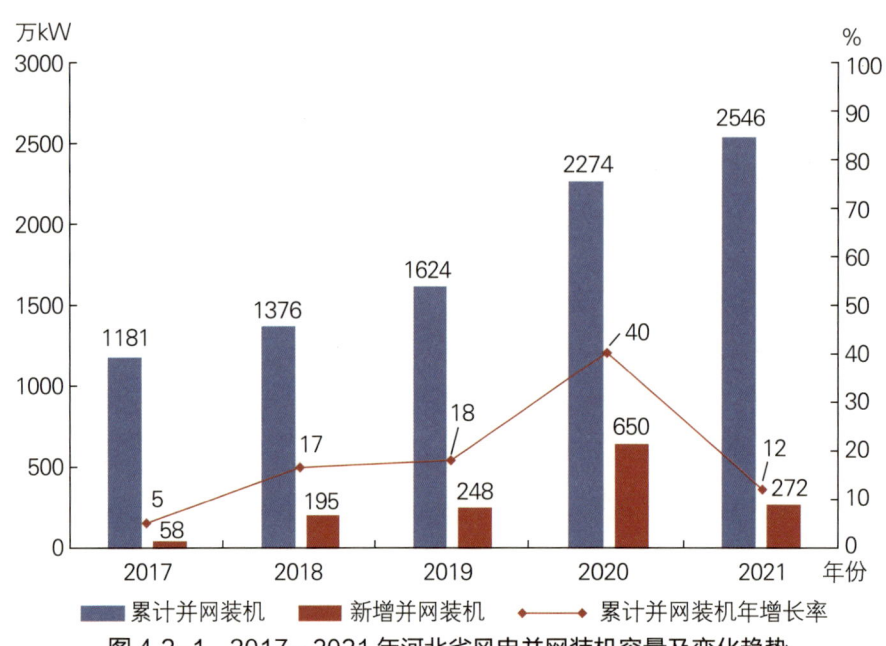

图 4.2-1　2017—2021 年河北省风电并网装机容量及变化趋势

2155.41万kW，同比增长14.03%。2017—2021年河北省风电装机规模整体呈平稳增长态势，尤其是在政策补贴鼓励下，2020年风电新增装机规模较大。随着国家补贴退坡，2021年河北省风电装机规模呈现小幅增长，与往年相比增长率有所下降。

分市看，河北省风电装机主要集中在张家口、承德、沧州三市。2021年，张家口、承德、沧州三市的风电装机容量分别为1570.7万kW、547.4万kW、142.6万kW。其中，张家口新增并网装机328.2万kW，为新增并网装机容量最多的市，占新增并网装机容量的近九成。

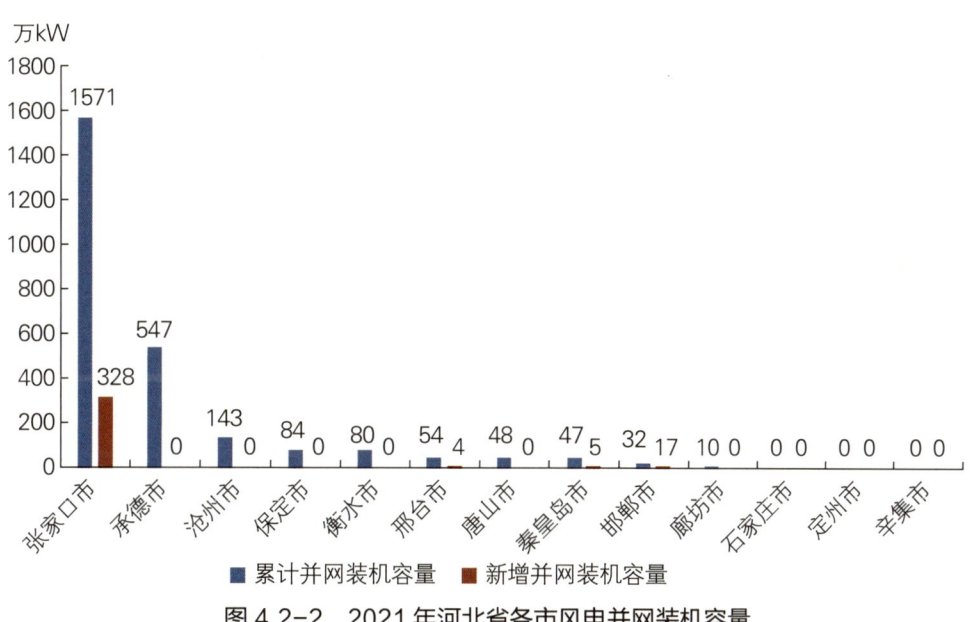

图4.2-2　2021年河北省各市风电并网装机容量

(2) 开发企业以国企和央企为主

截至2021年底，河北省累计并网装机容量排名前三的企业分别是河北建设投资集团股份有限公司、国家能源投资集团有限责任公司、中国华能集团有限公司，其累计并网装机容量均超过150万kW。排名前十的企业累计并网装机容量均超过50万kW；五大发电集团累计并网装机容量共计750万kW，超过河北省累计并网装机容量的30%，按照累计并网装机容量大小排序依次为国家能源投资集团有限责任公司、中国华能集团有限公司、中国华电集团有限公司、中国大唐集团有限公司、国家电力投资集团有限公司。

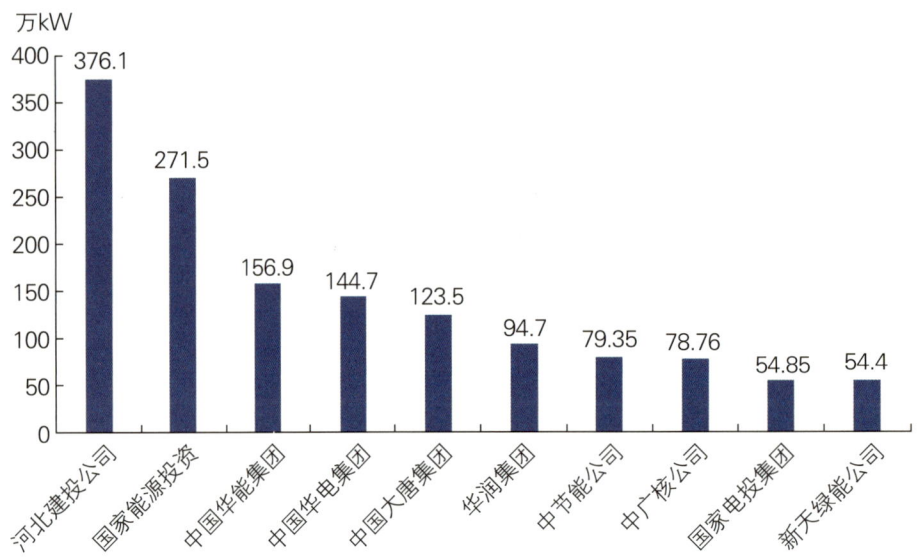

图 4.2-3　截至 2021 年底河北省风电累计装机容量排名前十企业

（3）发电量持续增长

"十三五"以来，风电年发电量占河北省电源年总发电量比重持续平稳增长。2021 年河北省风电发电量达到 511 亿 kW·h，同比增长 39.1%，仅次于火力发电，占本地全部电源发电量的 16.6%，风电占比明显提高。其中，河北南网风电发电量达到 96.51 亿 kW·h，同比增长 38.8%；冀北电网风电发电量达到 414.85 亿 kW·h，同比增长 39.2%。

图 4.2-4　2017—2021 年河北省风电发电量及占比变化趋势

(4) 风电基地建设持续推进

2021年张家口风电基地二期项目完成并网，张家口风电基地三期项目有序建设；张家口可再生能源示范区和承德国家可持续发展议程创新示范区有序建设，已列入国家第一批大型风电光伏基地的张家口蔚县电厂100万kW外送项目、张家口张北县100万kW项目和承德市丰宁风光氢储100万kW示范项目逐步推进；2021年保障性并网风电项目7个、120万kW开始建设。雄安新区王家寨绿色智能微电网源网荷储一体化示范工程完成并网，其他两个一体化项目前期工作加快推进。

(5) 风电全产业链布局加快

河北省大力发展高端风力发电设备，拥有风力发电机、叶片、主轴、铸件、轴承、塔筒、电缆等发电应用系统零部件及装备制造产业，产业链条较为完整。当前河北省拥有张北华源风电有限公司（华源风电）、衡水双利风电设备制造有限公司（双利风电）、河北安塔风电设备有限公司（安塔风电）、河北亿隆风电设备制造有限公司（亿隆风电）、张家口大金风电装备有限公司（大金风电）等多家风力发电产业制造商和运营商，其中大金风电装备有限公司年生产塔筒20万t，填补了尚义县新能源产业装备制造领域的空白。同时，河北省积极推动海上风电全产业链布局，引导海上风电开发向优势企业集中，加快风电装备制造产业高端化集群化发展，并示范带动风机产业的发展。通过打造内陆特色支柱型风电产业装备集群，推动大型技术创新示范基地、分布式可再生能源电力开发、多种模式互补的新能源示范工程建设，持续培育新的经济增长点，推动新一轮产业升级和经济转型。

4.3 前期工作

(1) 项目核准工作稳步推进

深入贯彻落实《国家发展改革委 国家能源局关于2021年可再生能源电力消纳责任权重及有关事项的通知》（发改能源〔2021〕704号），按照《国家能源局关于2021年风电、光伏发电开发建设有关事项的通知》（国能发新能〔2021〕25号）要求，积极推进风电保障性并网项目、市场化并网项目核准工作，通过竞争性配置组织优选保障性并网项目。

2021年7月2日，河北省发展改革委发布《关于做好2021年风电、光伏发电开发建设有关事项的通知》，开展2021年风电、光伏发电项目竞争性配置，共安排光伏发电保障性并网规模1584万kW，风电600万kW。要求参与竞争性配置的风电项目应于2023年12月31日前全容量建成并网，光伏发电项目应于2022年12月31日前全容量建成并网。

(2) 持续推动保障性并网项目建设

2021年9月12日，河北省发展改革委发布《2021年风电、光伏发电保障性并网项目名单公示》，下达保障性并网项目85个，共1261.08万kW，包括风电项目7个，120万kW。主要分布在张家口赤城县、怀来县、宣化区，承德平泉市，要求风电项目在2023年12月31日前全部并网。河北南网、冀北电网分别按照10%、15%同步配建储能，储能时长不低于2h，目前已开工建设。

(3) 积极推进市场化并网项目建设

2021年12月31日，河北省发展改革委印发《关于下达河北省2021年风电、光伏发电市场化并网项目计划的通知》（冀发改能源〔2021〕1837号），"十四五"末计划安排9个项目，装机容量共计140万kW，主要分布在承德围场县、丰宁县、营子区，规划2024年底全部并网。冀北电网区域围场、丰宁两县坝上地区所有风电项目按照20%、4h配置储能，其他区域按照15%、4h配置储能。

(4) 印发河北省建设京津冀生态环境支撑区"十四五"规划

2021年11月12日，河北省人民政府办公厅印发《关于河北省建设京津冀生态环境支撑区"十四五"规划的通知》，明确加快推动能源结构优化转型。围绕碳达峰碳中和目标，科学布局风能开发项目，多元化推动太阳能利用，因地制宜发展生物质能、地热能，进一步优化能源配置格局。

(5) 实现风电"十四五"翻一番

河北全省可再生能源新增装机容量超过5700万kW，总装机容量达到10500万kW以上，其中风电、光伏发电装机容量分别累计达到4300万kW、5400万kW。推动"两区、三基地"建设。依托冀北、太行山、沿海地区可再生能源资源优势，发挥张家口可再生能源示范区引领作用，构建集中式建设与分布式开发并举的发展新格局。

(6) 有序推动风电百万千瓦基地规划建设

2020年7月17日，河北省发展改革委印发《关于加快推进风电、光伏发电在建项目建设的通知》（冀发改能源〔2020〕1051号），提出要加快推进已批复风电发电项目并网建设。国家"十二五"期间及以前批复项目、张家口风电基地二期项目需在2021年6月30日前并网；平价上网项目、张家口风电基地三期项目（含2019年调整项目）及其他2020年前已核准项目需在2021年12月30日前并网，现在张家口风电基地三期规划（2020年调整项目）需在2022年6月30日前全部并网。

2021年7月2日，河北省发展改革委印发《关于做好2021年风电、光伏发电开发建设有关事项的通知》，指出存量风电项目直接纳入保障性并网规模，并应在规定时限内建成投产。明确提出各市增量风电项目保障性和市场化并网规模及并网时间，河北省保障性风电项目规划目标共计600万kW，规定2023年12月31日前全容量建成并网。

2021年11月23日，河北省发展改革委公示《国家第一批大型风电光伏基地项目》，拟安排第一批大型风电光伏基地项目3个，共计300万kW，其中风电150万kW，风电基地主要分布在张家口市蔚县、阳原县、张北县，承德市丰宁县。搭配火电灵活性改造，同步配建15%储能，储能时长不低于2h，规划2023年底前全容量建成并网。

4.4 投资建设

(1) 风电制氢项目稳步推进

河北建投沽源县风电制氢工程一期、海珀尔风电制氢工程一期项目2020年建成投产，新增制氢能力5700kg/d。河北建投崇礼风光储互补制氢工程一期、海珀尔风电制氢工程二期项目2021年建成投产，新增制氢能力16850kg/d。

(2) 单位千瓦造价同比持续下降

随着我国技术装备水平大幅提升，全产业链集成制造有力推动风电成本持续下降，近10年来陆上风电项目单位千瓦平均造价持续下降。河北省风电项目通过推进大型风电基地建设体现规模效应，2021年风电新增并网项目以张家口基地为主，风电单位千瓦造价较2020年小幅下降，约5090元。

(3) 设备及安装工程主导风电工程投资

风电项目单位千瓦工程静态投资包括设备及安装工程费用、施工辅助工程费用、建筑工程费用、其他费用、基本预备费。设备及安装工程费用在河北省风电项目总体投资中占比最大，达到75.2%，是项目整体工程投资指标的主导因素，未来还需进一步挖掘费用节约空间。

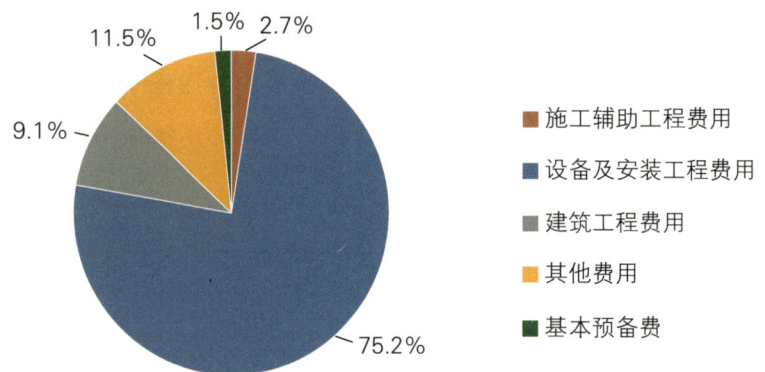

图 4.4-1　2021 年河北省风电项目单位千瓦静态投资构成

4.5　运行消纳

(1) 利用小时数同比上升

2021 年河北省风电平均利用小时数为 2208h，较 2020 年增加 64h，增长率 2.98%。其中，河北南网风电平均利用小时数为 2491h，较 2020 年增加 402h，增长率 19.2%；冀北电网风电平均利用小时数为 2151h，较 2020 年减少 7h。整体来看，由于风电设备技术水平不断进步，全省风电利用小时数有所提高。但是随着新能源规模的不断增加，网内调节容量不足，全省总体弃电量也在不断增加。

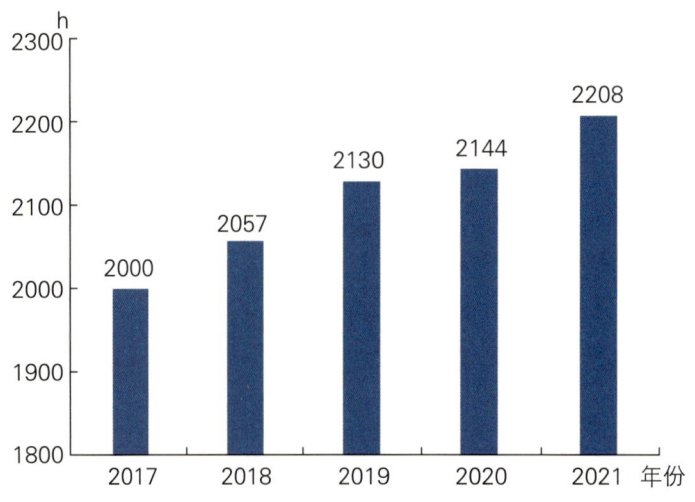

图 4.5-1　2017—2021 年河北省风电利用小时数变化趋势

截至 2021 年底，河北省拥有百万千瓦以上风电开发规模的地区为张家口市、承德市、沧州市，2021 年风电利用小时数分别为 1995h、2103h、2242h 左右。分地区来看，河北南网邢台、衡水、邯郸三个地市风电利用小时数较高，冀北电网唐山、秦皇岛地区风电利用小时数较高。河北南网地区风电利用小时数整体高于冀北电网。

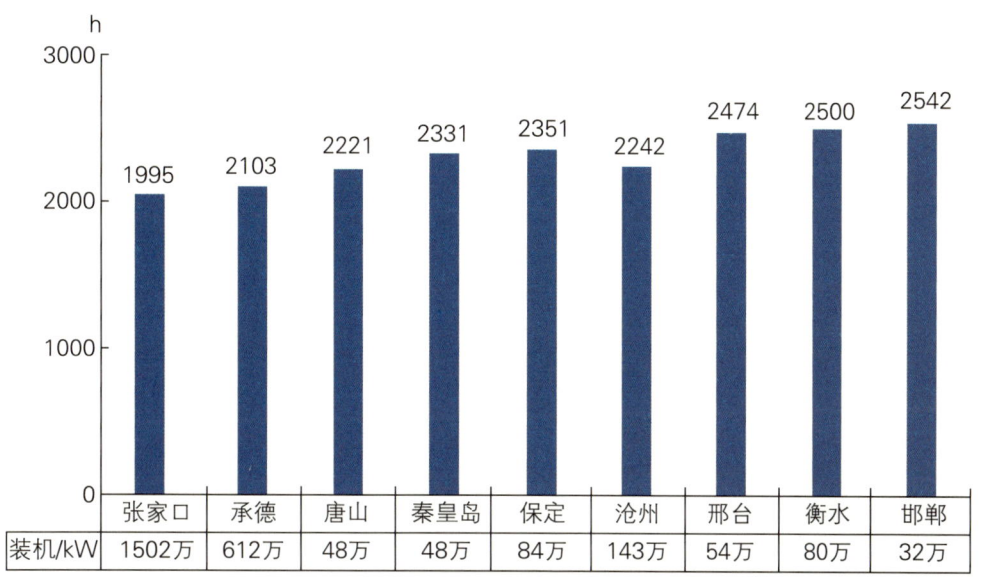

图 4.5-2　2021 年河北省各市风电年利用小时数情况

河北省张家口市属于二类风能资源区，风能资源优质，是我国风电装机量最高的地级市。2016 年以来，基本每年的平均利用小时数都在 2000h 以上，2021 年略有波动。2021 年，河北省内月度平均风速回升，全年共出现大风 1698 站次，较常年偏多 31.6%，为 1984 年以来最多。但是相比起全国其他二类风能资源区，2021 年张家口风电利用小时数出现轻微下降，这是由于张家口虽然风电装机量非常高，但是缺乏外送通道，区内调节电源不足，导致弃电现象比较严重，进而限制了风电利用水平，亟须加强送出通道建设。

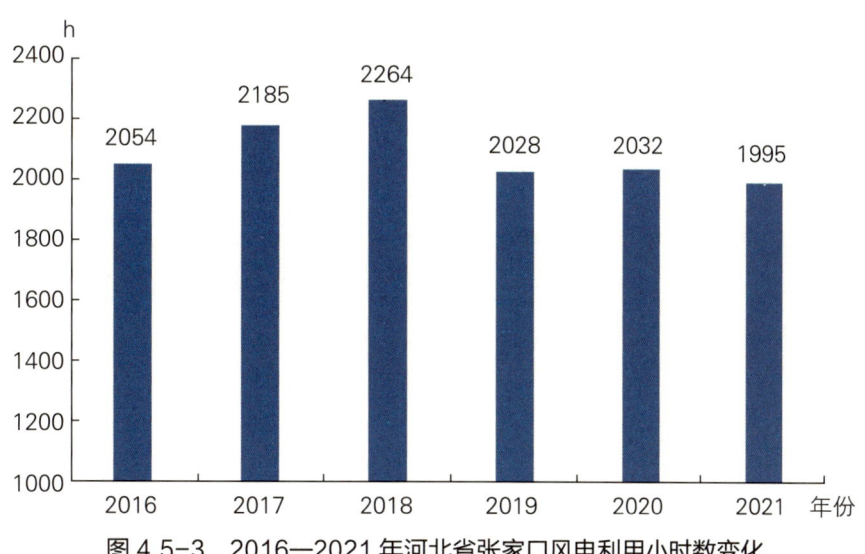

图 4.5-3　2016—2021 年河北省张家口风电利用小时数变化

(2) 电力消纳形势不容乐观

随着电网新能源大规模接入，受到地区调节性电源和可调节性负荷资源不足等因素制约，新能源消纳问题日益突出。2021年河北南网弃风电量为1.37亿kW·h，较2020年增加1.37亿kW·h，弃风率1.4%，较2020年增长1.4个百分点。2021年冀北电网弃风电量为22.75亿kW·h，较2020年增加11.3亿kW·h，弃风率5.2%，较2020年增长1.5个百分点。

2021年，河北南网新能源发电均在本地消纳，冀北电网张家口、承德新能源发电在京津冀北电网消纳，唐秦地区新能源发电均在本地消纳。随着河北省风光资源持续开发，电力消纳形势日趋严峻，2021年冀北电网弃风率超过5%，主要是因为冀北电网尤其是张承地区新能源发展较为迅速，但是送出通道和调节性电源建设滞后，导致新能源消纳存在困难。

4.6 技术进步

(1) 风电机组单机容量持续增大

近年来，河北省风电产业技术创新能力和速度持续提升，新产品研发和迭代速度不断加快，风力发电机组技术朝着大叶片、高塔筒、单机容量增大方向发展。金风科技股份有限公司（金风科技）已经推出陆上6.7MW系列机型，应用于张家口崇礼风电制氢项目二期工程。安装大容量机组能够降低风电场单位千瓦投资造价和运行维护成本，降低整个风力发电成本。

(2) 海上风电技术快速发展

海上风电正在逐步从近海向深远海发展，漂浮式海上风电技术研发步伐加快，国内明阳智慧能源集团股份公司（明阳智能）、中国船舶集团海装风电股份有限公司（中国海装）、中国三峡新能源（集团）股份有限公司（三峡能源）、金风科技、远景能源有限公司（远景能源）和上海电气集团（上海电气）等行业头部公司均有相关技术储备。2021年7月13日，由明阳智能自主研发制造的全球首台抗台风型漂浮式海上风电机组在三峡阳江沙扒海上风电场成功安装，机组单机容量5.5MW。该公司自主研发制造的漂浮式风机等新产品已具备规模化商用条件，有利于促进河北省海上风电大规模开发利用。

(3) 构网型风电机组技术不断进步

构网型风机技术可支撑电网电压、频率等稳定性，目前还处于理论研究阶段。近期，冀北电科院"风光储并网运行技术"国家电网公司重点实验室组织新能源专业技术骨干,联合金风科技股份有限公司完成了冀北电网首台构网型风电机组硬件在环仿真测试和优化工作,标志着在新能源主动支撑技术领域迈出新的一步。

4.7 发展特点

(1) 风电将呈现规模化、基地化发展

随着风电无补贴时代的到来,河北省风电项目规模化、基地化发展将成为主流,2021年河北省被纳入国家第一批大基地项目3个,共计300万kW,其中风电规模150万kW,未来几年河北省尤其是张承地区大型风电基地并网规模将逐步加大。按照国家"十四五"电力规划,河北省将建设张北—胜利、大同—怀来—天津北1000千伏特高压工程,提升电力保障能力和新能源外送能力。

(2) 风电制氢支撑河北省氢能产业发展

风电制氢技术是提高风能的利用率和缓解弃风问题的有效手段。制氢、储氢可为电力系统提供季节性储能,作为对储能电池等短期储能的补充。根据IRENA的分析,未来三十年全球氢及其衍生物将满足终端能源消费的12%,其中2/3是绿氢。河北省风电制氢具有资源优势,将推动风电制氢基地工程建设,拓宽风电消纳渠道,形成覆盖制氢、氢能装备、加氢站、燃料电池、整车及应用的完整产业链。按照《河北省氢能产业链集群化发展三年行动计划(2020—2022年)》,河北省将以培育壮大氢能产业为目标,加快构建"政策生态、产业生态、服务生态"三大氢能生态体系,率先将河北省打造成为全国氢能产业创新发展高地,推动氢能产业链集群化发展。

(3) 风电实现平价甚至低价上网

2021年7月,国家发展改革委发布的《关于2021年新能源上网电价政策有关事项的通知》指出,为充分发挥电价信号作用,合理引导投资、促进资源高效利用,推动新能源高质量发展,从2021年起,对于新核准陆上风电项目,中央政府不再补贴,实现平价上网。在风电技术进步和风电项目大基地、规模化双重推动下,未来风电项目单位度电成本将持续下降。

(4) 风电场升级改造助力高质量发展

近年来,随着风电存量规模的逐年扩大,国家相关部门及地方政府正在加快制定、完善老旧风电场改造升级和退役的政策、技术标准和规范。国家层面,国家能源局于2021年12月1日印发

了《老旧风电场改造升级及退役管理办法》(征求意见稿)，明确改造升级为"以大代小"，方式有等容改造和增容改造两种，并对主管部门及管理流程、用地、接入、开发指标、电价补贴、循环利用等提出要求。地方层面，辽宁、山西、宁夏相继出台了相关政策。辽宁于 2020 年 5 月印发了《辽宁省风电项目建设方案》《辽宁省光伏发电项目建设方案》，宁夏于 2021 年 8 月印发了《关于开展宁夏老旧风电场"以大代小"更新试点的通知》，山西于 2021 年 10 月印发了《关于下达 2021 年风电技改扩容项目建设方案的通知》。随着地方政策的陆续出台，以及国内风电"以大代小"项目的经验积累，老旧风电场的更新改造市场将成为市场发展的重要方向。

5　抽水蓄能

5 抽水蓄能

5.1 发展基础

抽水蓄能作为目前最可靠、最经济、最具大规模开发条件的电力系统绿色低碳、清洁灵活调节电源，具有调峰、填谷、储能、调频、调相、紧急事故备用和黑启动等多种功能，在发展以风电、光伏发电为主的可再生能源发电方面发挥重要的支撑作用。

2020年，国家能源局就《关于恳请批复河北省抽水蓄能电站规划调整站点的请示》等文件进行了回复，同意在初选尚义、滦平、迁西、赤城、徐水、邢台、阜平7个站点作为比选站点的基础上，确定尚义（拟装机140万kW）、徐水（拟装机60万kW）、滦平（拟装机120万kW）站点为河北抽水蓄能规划调整推荐站点，规划水平年为2030年。

5.2 发展现状

截至2021年年底，河北省在运抽水蓄能电站2座，装机容量127万kW；在建抽水蓄能电站4座，装机容量740万kW；开展前期工作的电站4座，装机容量440万kW。

5.3 投资建设

在建抽水蓄能电站项目有四个，包括承德丰宁360万kW抽水蓄能电站、张家口尚义140万kW抽水蓄能电站工程、保定易县120万kW抽水蓄能电站、秦皇岛抚宁120万kW抽水蓄能电站工程，截至2021年底，累计完成投资161.9亿元。

表 5.3-1　河北省在建抽水蓄能电站项目一览表

序号	项目名称	项目建设内容	建设规模	"十四五"完成情况	开工年份	预计完工年份
1	丰宁抽水蓄能电站	360万kW抽水蓄能项目	360万kW	建成投产	2014	2025
2	易县抽水蓄能电站	120万kW抽水蓄能项目	120万kW	开工建设	2018	2027
3	尚义抽水蓄能电站工程	140万kW抽水蓄能项目	140万kW	开工建设	2020	2027
4	抚宁抽水蓄能电站工程	120万kW抽水蓄能项目	120万kW	开工建设	2019	2030

抽水蓄能项目建设情况总体顺利。承德丰宁抽水蓄能电站，1号机、10号机共60万kW已投入商业运行，2号机、9号机开展整组启动调试，3号机、8号机开展分部调试，其他机组按计划开展机电安装工作。计划2022年再新增5台机组、150万kW并网投产；2023年再新增4台机组并网投产，2024年6月再新增投产1台机组后实现全容量并网投产。

张家口尚义抽水蓄能电站工程，通风兼安全洞开挖909m，交通洞开挖1028m，尾水1#洞开挖406m，尾水2#洞开挖484m，泄洪排沙洞进、出口隧洞开挖支护240m，上水库边坡正开挖支护，综合办公楼已完工。计划2025年底前首台机35万kW并网投产，2026年6月全容量并网投产。

保定易县抽水蓄能电站，通风洞、交通洞完成，施工供电工程成功受电，正在进行上下水库及厂房开挖。计划2025年底前首台机组30万kW并网投产，2026年12月全容量并网投产。

秦皇岛抚宁抽水蓄能电站工程，场内公路路面完成1900m，隧道开挖480m，场内变电站已投运，正在进行通风洞开挖。计划2028年6月首台机组30万kW并网投产，2030年4月全容量并网投产。

5.4　运行情况

潘家口抽水蓄能电站：位于河北省迁西县洒河桥镇上游10km处滦河干流上。电站设计总装机容量42万kW，其中抽水蓄能装机容量27万kW（3×9万kW）。电站多年平均年发电量5.64亿kW·h，其中，天然径流发电量3.56亿kW·h，抽水蓄能电量2.08亿kW·h。电站用220kV输电线路向京津及冀北电网供电。

张河湾抽水蓄能电站：位于太行山深处井陉县境内，工程总投资为41.2亿元，装机容量100万kW（4×25万kW），以一回500kV线路接入河北南部电网，在系统中承担调峰、填谷、调频、调相及事故备用等任务。张河湾机组划归华北调控分中心管辖后，按"日负荷计划曲线"开停机的方式运行，年度发电量 4.36 亿 kW·h，上网电量 2.95 亿 kW·h。

5.5 技术进步

2021 年，我国抽水蓄能在运装机容量已达到 3639 万 kW，居世界首位。抽水蓄能电站技术方面，我国坚持机组设备自主化原则，设计施工、设备制造等自主创新研发能力不断提升，在建和规划项目均采用先进技术。

2021 年 12 月 30 日，服务北京绿色冬奥国家电网丰宁抽水蓄能电站投产发电。丰宁抽水蓄能电站实现了世界最大抽水蓄能电站自主设计和建设，创下了我国抽水蓄能发展史上多个纪录，打造了抽水蓄能电站建设的新丰碑：装机容量世界第一，总装机容量 360 万 kW，为世界抽水蓄能电站之最。储能能力世界第一，12 台机组连续满发小时数达到 10.8h，是华北地区唯一具有周调节性能的抽水蓄能电站。地下厂房规模世界第一，地下厂房单体总长度 414m，高度 54.5m，跨度 25m，是最大的抽水蓄能电站地下厂房。地下洞室群规模世界第一，丰宁抽水蓄能电站地下洞室多达 190 条，总长度 50.14km，地下工程规模庞大。

5.6 发展方向

加快推进抽水蓄能电站建设。已发布的《抽水蓄能中长期发展规划（2021—2035 年）》中，全省共 8 个抽水蓄能站点项目被列为规划重点实施项目，总装机 920 万 kW，需继续加快开展项目前期工作，争取早核准、早开工。重点加快在建抽水蓄能电站建设，力争项目早日投产。优先确保 2025 年前开工的 740 万 kW 装机项目按期建设，同时需继续谋划一批抽水蓄能站点选址，做好站点储备与保护。

发挥电力系统调节作用。抽水蓄能是当前最成熟、最经济的调节电源，"十四五"期间，随着河北省可再生能源发电装机容量的大幅提升，电网调峰电源缺口将进一步扩大，抽水蓄能电站调节性能强、容量大、可再生等自身特点将得到充分发挥，市场需求巨大。

6 生物质能

6 生物质能

6.1 资源概况

生物质能属于重要的可再生能源,具有绿色、低碳、清洁、可再生、资源来源丰富等特点。大力发展生物质能对替代部分化石能源消费、促进节能减排、提高能源供应保障能力具有重要意义。河北省是农业大省,生物质资源丰富,生物质能开发潜力大。全省农作物秸秆资源可收集量约4059万t,目前主要利用方式是肥料化利用。林业剩余物资源量约959万t。全省垃圾清运总量快速增加,可能源化利用量约2272万t。人、禽畜粪污总量约1.7亿t。全省可能源化利用生物质资源量约有2000万t,折合约1000万tce。

6.2 发展现状

河北省生物质能利用形式主要包括生物质发电、沼气、生物质成型燃料、生物质制气和生物液体燃料,"十三五"以来,河北省生物质能多元化利用取得了较大进展。

(1) 生物质发电发展较快

截至2021年底,各类生物质发电装机容量总计约210万kW,其中农林生物质发电69万kW,垃圾发电45.8万kW,沼气发电1.6万kW。生物质发电已形成一定规模,年发电量67亿kW·h,折合300万tce。

(2) 生物质制气规模持续增长

2021年支持建设13处规模化沼气工程项目,农村沼气应用范围不断扩大。预计2023年底,新增沼气发酵池容量6.11万m^3,新增沼气产能1613.04万m^3/a,全省沼气、生物天然气年均产气规模达到3.1亿m^3。

(3) 成型燃料与液体燃料规模有序增长

2021年支持建设 12 个生物质成型燃料项目，到 2023 年，生物质成型燃料产能达到 60 万 t 以上，生物燃料乙醇生产量 4.5 万 t，生物柴油生产量 10 万 t。

6.3 外部条件

（1）电力消纳及接入

河北省生物质发电量占全社会用电量比重较小，且发电项目规模小而分散，生物质发电基本可在本区域就近消纳。河北省电网建设较完善，新建生物质项目一般可通过 35kV 及以下电压等级线路接入配电网。随着未来河北省配电网的进一步发展和完善，拟建生物质发电项目的接入条件将普遍趋好。

（2）交通运输

河北省路网交通发达，国、省道及农村公路网覆盖全面，为生物质原料及剩余废弃物运输提供了有效保障。

（3）原料收储

生物质项目的核心是原料的收集及储存，目前已建成生物质项目基本形成了有效的"收储"体系，为生物质项目的稳定运行提供了有效支撑。

（4）水资源

坚持节约用水原则，落实利用污水处理企业中水回用运行机制，逐步将污水处理企业推向市场。河北省目前各县均建有污水处理厂，可以为生物质项目用水提供有力保障。

6.4 运行情况

生物质发电利用小时数增长快速。"十三五"期间，国内生物质发电项目年平均利用小时数稳定在 5000h 以上。随着国家补贴退坡，2021 年河北省生物质发电项目的年平均利用小时数为

4200h，其中农林生物质发电年平均利用小时数 3329h，垃圾发电年平均利用小时数 4725h，沼气发电年平均利用小时数 4544h。

6.5 保障措施

（1）强化组织协调

全省统筹协调做好规划落实工作，重点解决项目选址、并网接入、供热管网、环境保护等方面问题，保障规划项目如期开工、按期投产。

（2）加强规划管理

建立健全生物质发电开发规划管理，做好与其他分布式能源发电项目开发及并网接入的衔接，电网接入服务做到便捷、及时、高效。依托可再生能源发电项目信息管理平台与国网新能源云平台，及时掌握规划执行情况。

（3）完善政策支持

积极争取国家大气污染防治专项资金、中央预算内资金等支持，制定强化支持政策，加快建立完善秸秆收储、垃圾处理补贴政策，鼓励银行等金融机构对农村秸秆电站和城镇生活垃圾电站建设提供优惠贷款。

（4）创新发展模式

优先支持创新示范项目，鼓励通过技术进步降低生产建设成本。创新发展秸秆收储、城镇生活垃圾资源保障体系，促进相关资源利用流程化、标准化、数据化和信息化，降低原料成本，保障生产运营稳定。

（5）优化行业管理

建立垃圾分类相关法律法规和标准体系，加快实施生活垃圾分类制度，建立全民参与垃圾分类的长效机制，形成可复制、可推广的生活垃圾分类模式。

7 地热能

7.1 资源概况

河北省地热资源分布广泛，储量丰富，主要分布在保定、衡水、沧州、廊坊等市和部分山区。地热水可开采量9.7亿 m^3/a，热资源量200.3万亿 kJ/a，相当于1138万 tce/a。其中平原区地热资源分布面积5.6万 km^2，占平原区面积的76.5%；山区地热资源一般呈点状或带状分布。

平原区地热资源热储层主要包括明化镇组、馆陶组和基岩热储。井口水温一般在40℃~80℃，最高可达120℃。地热水可开采量9.5亿 m^3/a，热资源量197万亿 kJ/a，相当于1127万 tce/a。明化镇组热储埋深一般为500~1200m，馆陶组热储埋深一般为1200~2000m，主要分布在保定、衡水、沧州、廊坊市等中东部平原；基岩热储埋深一般为800~4000m，主要分布在雄安新区、固安县、沧县、献县、高阳县、宁晋县一带。

山区地热资源主要分布在平山县、怀来县、阳原县、赤城县、隆化县、遵化市等地，受断裂构造控制作用明显，热水温度一般40℃~60℃，最高可达97℃。地热水可开采量1680万 m^3/a，热资源量3.3万亿 kJ/a，相当于11.2万 tce/a。

7.2 发展现状

河北省地热资源开发利用起步于20世纪80年代，主要利用形式有供暖、疗养洗浴、种植养殖等。截至2021年底，全省地热供暖面积3692万 m^2，约占全省供暖面积的3%。

全省地热探矿权57个、采矿权281个（其中：取暖220个、洗浴44个、种植养殖6个、其他11个），矿区内地热井624眼，其中开采井378眼、回灌井246眼，生产规模3174万 m^3/a。

河北省地热资源探明储量持续增加，地热资源供应能力进一步提升。平原区已完成10个地质构造单元7.15万 km^2 的地热勘查工作，共完成36处地热预可行性勘查，地热资源主要分布在沧州市、保定市、衡水市等地，探明储量2573万 m^3/a；山区共完成8处地热资源预可行性勘查工作，地热资源主要分布在唐山市、承德市、张家口市及秦皇岛市等地，探明储量716万 m^3/a。

7.3 前期管理

2021年以来，河北省高度重视地热资源的开发利用，地热资源开发利用管理日趋规范，地热项目的审批备案、取水许可、矿业权办理、技术规范等管理逐步完善。

2021年6月28日，河北省水利厅和自然资源厅联合印发了《关于规范抽采地热水管理的通知》（冀自然资字〔2020〕70号），明确采用深层地下换热方式开发利用地热能的项目（只取热不取水），不需办理取水许可和采矿许可，同时可按相关规定，享受可再生能源税收和收取采暖费等方面的优惠政策，鼓励各市、县出台具体支持政策。有地热探矿权的，可申请补办取水许可证，办理探矿权转采矿权手续；有采矿权且未被市县政府列入关闭范围的，可申请补办取水许可证，办理采矿权延续。

2022年2月25日，河北省发展改革委等九部门联合印发了《关于促进全省地热能开发的实施意见》（冀发改能源〔2022〕239号），提出了高度重视地热开发利用、做好存量项目的摸底登记工作、严把新增项目审核关和切实落实监管责任四项要求。该实施意见明确了地热资源勘查、开发利用、产业化发展、科技攻关的主要任务及责任单位，提出存量和新增地热项目的新老划段有序管理的管理原则及相关流程，为河北省地热产业高质量发展起到积极促进作用。2022年5月27日，河北省发展改革委、自然资源厅、水利厅联合印发《关于地热能开发利用项目备案有关事项的通知》，进一步明确了地热项目三级审核备案的管理流程，同时组织地热项目统一填报国家可再生能源信息管理平台，全面推进地热项目信息化管理。

7.4 技术进步

（1）地热资源勘探取得全面突破

逐步摸清了平原区地热资源家底，划定了固安县牛驼镇、沧州市区、深州市区等58个集中开采区，同时圈定了37个基岩热储浅埋区为基岩热储远景区。深部地热勘探取得突破，冀中坳陷高阳低凸起实施的JZ04井，完钻深度4007m，孔底温度135.0℃，是京津冀地区同深度孔底温度最高的碳酸盐岩热储地热井，水汽混合流量每小时227.84m^3，井口处水汽混合物温度为120.9℃，单井可供暖面积超过25万m^2；唐山马头营区干热岩调查井于3965m处成功钻获温度大于150℃的干热岩体，实现了省内干热岩勘查重大突破，并开展了干热岩实验性发电。

(2) 热储增产改造技术效果明显

开展深部低渗透性碳酸盐岩热储水力喷射压裂裂隙起裂—扩展机理及裂隙形态研究，实施碳酸盐岩热储增产改造技术攻关。在雄安新区容城凸起高于庄组热储实施了水力喷射 + 酸化压裂综合增产改造，目标层段涌水量大幅提升，实现深部低渗透性碳酸盐岩热储产能大幅提升。

(3) 地方标准引导行业健康发展

2021 年 3 月 22 日，河北雄安新区管理委员会发布《雄安新区地热资源预可行性勘查技术规程（试行）》《雄安新区地热动态监测系统和专用监测井技术规程（试行）》和《雄安新区地热开采井和回灌井监测技术规程（试行）》3 项地热能规范标准，为雄安新区的地热资源勘查、地热开采动态监测起到规范引导作用。2021 年 8 月 24 日，河北省住建厅发布《中深层地热井下换热供热工程技术标准》。该技术标准为国内第一个关于井下换热的地方技术标准，为中深层地热井下换热供热系统工程提供了技术指导。

7.5 发展特点

(1) 采灌平衡保障地热可持续开发

河北省采取开采总量控制和全面落实回灌两大举措，确保地热资源合理开发，基本实现了地热资源的开采和回灌平衡。严格落实地热开采指标控制，关停取缔非法地热井，各市开采量均控制在规划制定的开采总量目标范围内。在用地热供暖项目全部落实回灌措施，在用井基本实现采灌均衡，全省大部分地区呈现地热水位降速明显放缓或回升态势，地热资源可持续开发利用的总体趋势逐步向好。

(2) 油区地热供暖呈现多样化发展

河北省辖区内中国石油冀东油田、华北油田等油田企业，利用自身对区域地热资源的了解和技术优势，以技术经济效益最优化为原则，针对不同的地热井布置、热源布局、调峰模式和热用户类型采用不同的工艺技术路线，采用分布式、回热式、一次网式、大温差一次网式等多种地热供热系统设计，引导油区地热供暖工程供热系统多样化发展，丰富了地热资源的开发路径。

(3) 地热能开发利用管理趋于规范

为促进河北省地热能开发利用高质量发展，河北省发展改革委、河北省水利厅及其他相关部门印发了《关于促进全省地热能开发的实施意见》（冀发改能源〔2022〕239号）等相关管理政策文件，进一步规范了地热项目的审批备案、取水许可以及矿业权办理等相关管理流程，明确了地热开发各阶段管理的责任单位及任务。出台有关地热资源勘查、开发利用、地热动态监测等领域的技术标准规范，进一步规范市场开发主体的地热开发行为。

(4) 地热能项目信息化管理有序推进

河北省作为全国地热能项目信息化管理试点省，积极组织省内地热企业在全国可再生能源信息管理平台上填报地热项目信息。地热项目信息平台的推广，有助于能源主管部门和行业充分掌握河北省地热能开发真实现状，为制定河北省地热能可行的管理方法、准确的发展方向、合理的规划目标提供更充分的数据支撑。

8 氢 能

8.1 发展基础

氢能按生产来源划分，可分为"灰氢""蓝氢""绿氢"三类："灰氢"是指利用化石燃料如石油、天然气和煤制取氢气，成本较低但碳排量较大；"蓝氢"是指使用化石燃料制氢的同时，配合碳捕集和碳封存技术，碳排放强度相对较低但捕集成本较高；"绿氢"是利用风电、水电、太阳能发电等可再生能源电解制氢，制氢过程完全没有碳排放，但成本较高。

河北省拥有大量的工业副产氢资源和可再生能源资源，其中工业副产氢潜在能力约94万t/a，可再生能源资源制氢潜能约152万t/a，为该省发展氢能提供了资源基础。

8.2 发展现状

(1) 工业副产氢占主导地位

河北全省已形成年产0.89万t工业副产氢能力，其中，定州旭阳焦化企业工业副产氢项目年产氢0.47万t、中石油华北石化炼厂重整氢项目年产氢0.18万t、任丘盛腾石化企业重整氢项目年产氢0.24万t。工业副产氢主要用于燃烧供热和生产甲醇、合成氨等化工产品。工业副产氢提纯产能逐年增加，全省已建成日产1t的氢提纯装置3套，年产高纯氢1000t以上。

(2) 绿氢产能已初具规模

截至2021年底，张家口陆续建成多个绿氢项目，总绿氢年产能达0.63万t。其中海珀尔一期0.14万t/a、交投壳牌0.29万t/a、河北建投沽源风电制氢0.17万t/a、河北建投崇礼一期0.03万t/a。

(3) 氢能应用加大示范力度

目前河北省已建成加氢站 15 座，其中张家口市 9 座，保定市 2 座，唐山市、邢台市、邯郸市、辛集市各 1 座。全省已推广应用氢燃料电池汽车 850 辆，其中张家口 710 辆（公交车 444 辆），保定 100 辆，唐山 40 辆，氢燃料电池汽车消纳能力约 0.75 万 t/a。

(4) 氢能产业链逐步健全

河北省先后引进和培育中船集团第七一八所、长城汽车、石家庄安瑞科、张家口亿华通等制氢设备、储运装备、燃料电池、发动机、整车研发企业等氢全产业链企业，覆盖"制取—储运—加注—应用"环节。

8.3 技术进步

(1) 氢能产业核心技术不断突破

中船集团第七一八所在碱液电解水制氢设备实现单机大型化、纯水制氢设备实现国产自主化、宽功率电源适应化方面取得长足进步，产品性能达到国际先进水平。其高压氢气加注技术，实现 35MPa、70MPa 多等级氢气快速安全加注，可满足大流量、低温快速换热、压升率自适应调节要求，产品性能达到国内先进水平。长城汽车大功率燃料电池系统及电堆、高性能膜电极、双极板、引射器、空压机等关键零部件技术取得突破，产品性能达到国际领先水平。石家庄安瑞科在氢气运输、储存、应用的关键装备、工程服务及系统解决方案中拥有国际领先技术，先后为上海世博会、深圳大运会提供 45MPa 加氢车、加氢站储氢瓶组；设计制造 87.5MPa 缠绕大容积储氢容器，为国内首例。

(2) 张家口氢能应用示范成效显著

张家口市建成 5 座可再生能源制氢站、9 座加氢站，推广氢燃料电池汽车 710 辆，成功助力北京 2022 年冬奥会，成为全国燃料电池汽车运行数量最多、最稳定的城市之一。同时，张家口市已先后培育和引进亿华通、海珀尔等氢能产业链企业 18 家，初步实现氢能产业区域性集聚发展，成为全国燃料电池汽车示范应用五大城市群之一——河北城市群的牵头城市。

8.4 发展特点

(1) 氢能产业链发展区域化

河北省通过政府主导，积极发挥骨干龙头企业和科研院所带动引领作用，构建"一区、一核、两带"产业格局，加快推进河北省氢能产业高质量发展。一区：打造张家口氢能全产业发展先导区。一核：以雄安新区为核心打造氢能产业研发创新高地。两带：氢能装备制造产业带和沿海氢能应用示范带。

(2) 依托区位及示范优势，氢能全产业链高速发展

河北省毗邻京津，随着京津冀协同发展、雄安新区规划建设的深入推进，依托张家口国家可再生能源示范区优势，坝上地区氢能基地的建设及京津冀地区氢燃料电池示范应用成效显著，不断引入氢能产业链企业，氢能产业链持续高速发展，氢能产业体系日趋完善。

(3) 氢能产业政策体系日趋完善

河北省先后出台《河北省推进氢能发展实施意见》《河北省氢能产业链集群发展三年行动计划》《河北省氢能产业谋划推进重点项目清单（两批）》，张家口市推出"政府＋电网＋发电企业＋用户侧"的四方协作机制，保定、邯郸、唐山、定州、石家庄等地也先后制定氢能相关支持政策，为氢能产业的市场化发展奠定基础。

9 储能

9 储能

9.1 发展现状

(1) 新型储能发展扎实起步

新型储能主要包括电化学储能、机械储能、电磁储能、储氢等形式。目前，锂离子电池技术成熟度最高、应用最为广泛，投资成本相对较低，已基本实现商业化应用；液流电池技术最为安全，投资成本相对较高，占地面积较大，示范项目已成功应用；机械储能中压缩空气储能已实现100MW级示范应用，结合废弃矿井或天然盐穴开发可大幅降低投资成本，飞轮储能技术进入规模化实验示范阶段；钠离子电池、储氢等其他创新储能技术处于研究示范阶段。

(2) 示范应用成效初步显现

截至2021年底，河北省新型储能总装机15.9万kW/52.9万kW·h，涵盖磷酸铁锂、全钒液流、铁铬液流、铅酸电池等多种储能形式。国网冀北电力公司张北风光储输示范工程已列入国家首批科技创新（储能）试点示范，是世界规模最大的风光储综合利用示范项目；京津冀地区首个"火电＋储能"调频应用示范项目落地唐山丰润电厂，率先探索新型储能与传统火电融合发展的新模式；雄安新区王家寨绿色智能微电网示范工程采用"储能＋分布式能源"模式，创造性地解决了局部微电网绿色电力安全稳定供应问题。

(3) 技术创新水平稳步提升

河北省已有部分新型储能装备技术居全国乃至世界前列，其中国家电投河北公司联合中央研究院开发的铁—铬液流储能电池技术达到国内领先水平；由中科院工程热物理研究所研发、巨人集团建设的张北100MW先进压缩空气储能项目已申请国家首台（套）科技装备，技术处于世界领先地位，设计效率达70.4%；承德万利通公司与清华大学国家"863"计划钒电池项目组共同开发的全钒液流电池获得了国家30余项专利，攻克了全钒液流电池溶液、电极电堆、质子交换膜等多项关键核心技术，为化学储能提供了安全发展的技术路线。

(4) 商业模式得到有益探索

河北省注重加快推动新型储能市场化商业化发展进程，商业模式不断得到创新突破，由初期的电源侧新能源发电配套、平滑出力减少弃电，逐步拓展到电网侧调峰调频辅助服务，用户侧峰谷价差套利等商业化运营模式，为新型储能参与电力市场交易提供有益探索。

9.2 前期工作

(1) 投资引导机制持续优化

2021年8月24日，河北省发展改革委转发了国家发展改革委、国家能源局《关于鼓励可再生能源发电企业自建或购买调峰能力增加并网规模的通知》(发改运行〔2021〕1138号)，明确提出，积极推进调峰能力建设，将储能作为重要调峰资源，鼓励发电企业在自愿的前提下通过自建、合建或购买储能和调峰能力等方式提高可再生能源并网规模。

(2) 储能多元化发展稳步推进

2022年4月10日，河北省发展改革委印发《河北省"十四五"新型储能发展规划》，加快推进新型储能在不同技术路线的试点示范，包含锂离子电池储能、液流电池、飞轮、压缩空气储能、液态金属电池、固态锂离子电池、金属空气电池、氢储能等应用领域，鼓励结合电力系统需求推动多种储能技术联合应用，开展复合型储能试点示范。

(3) "新能源+储能"模式崭露头角

2021年9月18日和2021年12月31日，河北省发展改革委分别下发《关于下达河北省2021年风电、光伏发电保障性并网项目计划的通知》(冀发改能源〔2021〕1278号)和《关于河北省2021年风电、光伏发电市场化并网项目计划的通知》(冀发改能源〔2021〕1837号)，明确提出，南网、北网保障性和市场化并网项目需配建不低于项目容量10%、15%的调峰能力，其中保障性项目连续储能时长不低于2h，市场化项目不低于3h。进一步考虑已批复的源网荷储项目，预计"十四五"期间，河北省新能源发展可带动储能规模约481万kW，其中河北南网约163万kW、冀北电网318万kW。

(4) 电网侧独立储能示范推广

2022 年 5 月 17 日，河北省发展改革委印发《2022 年度列入省级规划电网侧独立储能示范项目清单（第一批）》（冀发改能源〔2022〕642 号），进一步明确储能发展年度目标。为有序推进新型储能项目建设、提升新能源消纳能力、不断满足电网调峰需求，首批列入省级规划的 31 个电网侧独立储能示范项目涵盖了锂离子电池、压缩空气、飞轮、氢能发电四种新型储能技术路线，总规模 506 万 kW，其中河北南网建设规模 235 万 kW，冀北电网建设规模 271 万 kW。

9.3 投资建设

(1) 锂离子储能成本上升

锂电池上游原材料价格持续走高，尤其应用较为广泛的磷酸铁锂材料，均价已由 2021 年初的约 4 万元 /t 上涨至 10 万元 /t，涨幅超过 150%。2021 年，河北省磷酸铁锂储能电站单位千瓦时平均造价 2000~2200 元。

(2) 钒液流电池前景广阔

与锂离子储能中锂矿主要依赖进口不同，我国钒矿产量占全球 60% 以上，原材料自主性较高，成本下降预期较好。2021 年，河北省钒液流储能电站单位千瓦时平均造价 3500~4000 元。

(3) 压缩空气储能降本空间较大

先进绝热压缩空气储能系统国产化持续推进，其中，张北县百兆瓦先进压缩空气储能技术示范项目已建成并网，中国科学院工程热物理研究所提供技术支撑，设备提供方为中储国能（北京）技术有限公司，大规模先进压缩空气储能产业化进程快速推进。2021 年，河北省压缩空气储能电站单位千瓦时平均造价 5000~6000 元。

9.4 运行管理

(1) 加强统筹协调

相关市县将共享储能项目纳入重点区域布局建设方案，指导项目单位抓紧落实土地、环评、并网等各项建设条件，依法依规办理各项前期手续，确保项目及早开工建设，力争早日投产发挥作用。

(2) 建立合作渠道

各地协调储能投资企业、新能源企业、电网企业加强沟通，搭建多方合作交流平台，建立常态化、便捷高效的组织模式，细化共享储能建设组织方案，明确合作模式和获益渠道，签订租赁或购买协议，充分调动市场主体参与共享储能投资建设积极性。

(3) 完善体制机制

按照国家和河北省储能产业相关要求，研究推动共享储能电站体制建设，探索共享储能电价相关政策和市场推广机制，加强对"新能源＋共享储能"的指导，营造公平公正市场环境，促进共享储能健康发展。按照国家相关规定，以配建形式存在的共享储能若符合相关标准规范，在储能和所配建电源从属不同业主且储能利用率较低情况下，可适时申请转化为独立储能。

(4) 做好跟踪监管

加强共享储能项目建设和运行管理，各市县及时将储能项目的备案和建设情况报送省能源主管部门，并纳入国家储能大数据平台管理，对项目运行效果、市场模式等及时总结经验，分析查找问题，制定整改措施，为后续项目建设提供示范引领和有益借鉴。加强共享储能项目安全监督管理，建立和完善安全监管体系，促进新型储能产业健康发展。

9.5 技术进步

(1) 多元化技术

包括百兆瓦级压缩空气储能关键技术，百兆瓦级高安全性、低成本、长寿命锂离子电池储能技术，百兆瓦级液流电池技术，钠离子电池、固态锂离子电池技术，高性能铅炭电池技术，兆瓦级超级电容器，液态金属电池、金属空气电池、氢（氨）储能、热（冷）储能等。张家口已投运中科院百兆瓦级压缩空气储能系统，建设规模为 100MW/400MW·h，系统效率达 70%，是国际首套 100MW 新型压缩空气储能系统，人工深挖地下通道储气，底部用水平钢管储气，采用蓄热系统，无须助燃，使用寿命 30 年；张家口地区已建成沽源战石沟光伏电站铁铬液流电池储能集成示范项目，是世界首例建成的铁铬液流储能项目，铁铬液流规模 150kW/1.5MW·h（6h），循环寿命长达 20 年 /2 万次以上；张家口交投经开区纬三路加氢站，共设置两套 35MPa 加氢机，加氢规模 1000kg/d，长管拖车运氢压力 20MPa，每车 400 公斤，压缩机排气压力 45MPa，目前张家口氢能公交车已有 300 余辆。

(2) 全过程安全技术

依托保定地区大学、科研院等优势，建设河北省储能安全实验室，加大对电化学储能系统安全预警、高效灭火及防复燃、储能电站整体安全性设计等关键技术的投入力度，加快研究储能电池寿命检测和状态评估等相关技术；稳步推进人造洞室、金属材料、热塑性复合材料等储气技术，提高压缩空气储能系统使用寿命及运行效率，为新型储能全生命周期安全提供技术保障。包括储能电池智能传感技术、储能电池热失控阻隔技术、电池本质安全控制技术、基于大数据的故障诊断和预警技术、清洁高效灭火技术，以及储能电池循环寿命预测技术、可修复再生的新型电池技术、电池剩余价值评估技术。

(3) 智慧调控技术

依托保定地区大学及科研院所，建设河北省重点实验室，研究多元储能性能及响应特性，加强与电网企业、新能源发电企业的密切合作，优化源网荷储多时空尺度协同调控策略。包括规模化储能与常规电源联合优化运行技术、规模化储能电网主动支撑控制技术，以及分布式储能设施聚合互动调控技术、分布式储能与分布式电源协同控制技术、区域能源调配管理技术。

(4) 储能参与电力市场技术

加快推进辅助服务市场、电力现货市场、电力中长期交易市场建设，依托张家口、承德等新能源富集区，探索储能以独立电站、聚合商、虚拟电厂等形式参与电力市场，明确准入条件、交易机制和技术标准等。

10　政策要点

10 政策要点

10.1 综合类政策

2021年，国家在加强规划目标引导、提升消纳水平、推动绿色发展、加大金融支持、规范运行管理、促进市场化交易、加强信息监测、完善能耗双控制度等方面，出台了一系列的政策和措施，支持和促进可再生能源行业大规模、高质量跃升发展。

为推动我国能源结构调整实现节能减排、做好可再生能源供暖工作，2021年1月27日，国家能源局发布了《关于因地制宜做好可再生能源供暖相关工作的通知》（国能发新能〔2021〕3号），提出要因地制宜推广各类可再生能源供暖技术，积极推广地热能开发利用，合理发展生物质能供暖，继续推进太阳能和风电供暖。明确了生物质热电联产、地热能开发利用方面的支持内容，并鼓励地方对地热能供暖和生物质能清洁供暖等项目积极给予支持。

2021年2月22日，国务院发布《关于加快建立健全绿色低碳循环发展经济体系的指导意见》（国发〔2021〕4号），提出健全绿色低碳循环发展的消费体系，推广绿色电力证书交易，引领全社会提升绿色电力消费；推动能源体系绿色低碳转型，提升可再生能源利用比例，大力推动风电、光伏发电发展，因地制宜发展水能、地热能、海洋能、氢能、生物质能、光热发电，加快大容量储能技术研发推广。

2021年2月25日，国家发展改革委和国家能源局联合印发《关于推进电力源网荷储一体化和多能互补发展的指导意见》（发改能源规〔2021〕280号），明确了源网荷储一体化和多能互补的实施路径，提出推进源网荷储一体化、提升保障能力和利用效率，推进多能互补、提升可再生能源消纳水平的具体要求，并完善了相关的政策措施。

2021年3月12日，《中华人民共和国国民经济和社会发展第十四个五年规划和2035年远景目标纲要》发布，明确提出要推进能源革命，建设清洁低碳、安全高效的能源体系，提高能源供给保障能力，加快发展非化石能源，坚持集中式和分布式并举，大力提升风电、光伏发电规模，有序发展海上风电，加快西南水电基地建设，因地制宜开发利用地热能。加快电网基础设施智能化改造和智能微电网建设，提高电力系统互补互济和智能调节能力，加强源网荷储衔接，提升清洁能源消纳和存储能力，推进煤电灵活性改造，加快抽水蓄能电站建设和新型储能技术规模化应用，非化石能源电站能源消费总量比重提高到20%左右。

2021年3月17日，国家能源局印发《清洁能源消纳情况综合监管工作方案》（国能综通监管

〔2021〕28号），决定在全国范围内组织开展清洁能源消纳情况综合监管。以促进清洁能源高效利用为目标，督促相关地区和企业严格落实国家清洁能源政策，优化清洁能源并网接入和调度运行，规范清洁能源参与市场化交易，及时发现清洁能源发展中存在的突出问题，确保清洁能源得到高效利用，进一步促进清洁能源行业高质量发展，助力实现"碳达峰、碳中和"。

2021年4月19日，国家能源局印发的《2021年能源工作指导意见》提出了2021年主要预期目标，其中在能源结构方面，煤炭消费比重下降到56%以下，新增电能替代电量2000亿kW·h左右，电能占终端能源消费比重力争达到28%左右。

2021年4月26日，国家发展改革委办公厅、国家能源局综合司印发了《关于进一步做好电力现货市场建设试点工作的通知》（发改办体改〔2021〕339号），提出在第一批八个电力现货市场建设试点基础上，选择辽宁省、上海市、江苏省、安徽省、河南省、湖北省作为第二批现货试点，并要求第二批现货试点地区借鉴第一批试点地区的经验，加快开展电力市场建设方案及规则体系的编制和完善工作；第一批现货试点地区在充分总结结算试运行经验和问题的基础上，持续完善规则设计。鼓励新能源项目与电网企业、用户、售电公司通过签订长周期（如20年及以上）差价合约参与电力市场；引导新能源项目10%的预计当期电量通过市场化交易竞争上网，市场化交易部分可不计入全生命周期保障收购小时数。

2021年7月1日，国家发展改革委发布《"十四五"循环经济发展规划》，要求推行热电联产、分布式能源及光伏储能一体化系统应用，完善新能源汽车动力电池回收利用溯源管理体系，推动能源梯级利用；加强废旧动力电池再生利用与梯次利用成套化先进技术装备推广应用。

2021年7月26日，国家发展改革委印发《关于进一步完善分时电价机制的通知》（发改价格〔2021〕1093号），明确在保持销售电价总水平基本稳定的基础上，进一步完善目录分时电价机制，更好引导用户削峰填谷、改善电力供需状况、促进新能源消纳，为构建以新能源为主体的新型电力系统、保障电力系统安全稳定经济运行提供支撑。

2021年7月29日，国家能源局发布《关于开展可再生能源发电项目开发建设按月调度的通知》，明确建立可再生能源发电项目开发建设按月调度机制，对可再生能源发电项目从核准（审批、备案）、开工、建设、并网到投产进行全过程调度。各省级能源主管部门、主要中央发电企业和三大电网公司按月将可再生能源发电项目开发建设情况报国家能源局新能源司。

2021年8月10日，国家发展改革委、国家能源局发布《关于鼓励可再生能源发电企业自建或购买调峰能力增加并网规模的通知》（发改运行〔2021〕1138号）。该通知指出，为努力实现应对气候变化自主贡献目标，促进风电、太阳能发电等可再生能源大力发展和充分消纳，依据可再生能源相关法律法规和政策的规定，按照能源产供储销体系建设和可再生能源消纳的相关要求，在电网企业承担可再生能源保障性并网责任的基础上，鼓励发电企业通过自建或购买调峰储能能力的方式，增加可再生能源发电装机并网规模。

政策要点 | 10

2021年9月9日，为推进抽水蓄能快速发展，适应新型电力系统建设和大规模高比例新能源发展需要，助力实现碳达峰、碳中和目标，国家能源局发布《抽水蓄能中长期发展规划（2021—2035年）》，提出坚持生态优先、和谐共存，区域协调、合理布局，成熟先行、超前储备，因地制宜、创新发展的基本原则；并提出到2025年抽水蓄能投产总规模达6200万kW，到2030年达1.2亿kW左右的目标。

2021年9月10日，国家发展改革委等八部门发布《关于促进地热能开发利用的若干意见》（国能发新能规〔2021〕43号）（以下简称《意见》），就我国地热产业近中长期发展目标、重点任务以及管理体制和保障措施作了翔实的阐释。《意见》是继2013年《关于促进地热能开发利用的指导意见》、2017年《地热能开发利用"十三五"规划》之后又一针对地热产业发展的重磅文件，结合目前我国经济社会发展的大环境以及地热产业发展现状，对新时代我国地热产业发展具有重要的指导意义。

2021年10月24日，国务院印发《2030年前碳达峰行动方案》（国发〔2021〕23号），提出"十四五""十五五"碳达峰的主要目标，明确将碳达峰贯穿于经济社会发展全过程和各方面，重点实施能源绿色低碳转型行动、节能降碳增效行动、工业领域碳达峰行动、城乡建设碳达峰行动、交通运输绿色低碳行动、循环经济助力降碳行动、绿色低碳科技创新行动、碳汇能力巩固提升行动、绿色低碳全民行动、各地区梯次有序碳达峰行动等"碳达峰十大行动"。

2021年10月24日，《中共中央 国务院关于完整准确全面贯彻新发展理念 做好碳达峰碳中和工作的意见》发布，明确到2025年，绿色低碳循环发展的经济体系初步形成，重点行业能源利用效率大幅提升；到2030年，经济社会发展全面绿色转型取得显著成效，重点耗能行业能源利用效率达到国际先进水平，二氧化碳排放量达到峰值并实现稳中有降；到2060年，绿色低碳循环发展的经济体系和清洁低碳安全高效的能源体系全面建立，能源利用效率达到国际先进水平，非化石能源消费比重达到80%以上。明确了碳达峰、碳中和工作重点任务：一是推进经济社会发展全面绿色转型，二是深度调整产业结构，三是加快构建清洁低碳安全高效能源体系，四是加快推进低碳交通运输体系建设，五是提升城乡建设绿色低碳发展质量，六是加强绿色低碳重大科技攻关和推广应用，七是持续巩固提升碳汇能力，八是提高对外开放绿色低碳发展水平，九是健全法律法规标准和统计监测体系，十是完善政策机制。

2021年11月2日，交通运输部印发《综合运输服务"十四五"发展规划》，要求加快充换电、加氢等基础设施规划布局和建设，提出国家生态文明试验区、大气污染防治重点区域每年新增或更新公交、出租、物流配送等车辆中新能源汽车比例不低于80%的目标。

2021年11月4日，自然资源部印发《自然资源部关于规范临时用地管理的通知》（自然资规〔2021〕2号），明确临时用地具有临时性和可恢复性等特点，与建设项目施工、地质勘查等无关的用地，使用后无法恢复到原地类或者复垦达不到可供利用状态的用地，不得使用临时用地；制梁场、拌合站等难以恢复原种植条件的不得以临时用地方式占用耕地和永久基本农田，可以建设用地方式或者临时占用未利用地方式使用土地；临时用地确需占用永久基本农田的，必须能够恢复原种植条件；临时用地使用期限一般不超过两年；建设周期较长的能源、交通、水利等基础设施建设项目施工使用的临时用地，期限不超过四年；涉及占用耕地和永久基本农田的，由市级或者市级以上自然资源主管部门负责审批。

2021年12月21日，国家能源局发布《电力并网运行管理规定》（国能发监管规〔2021〕60号）与《电力辅助服务管理办法》。为适应新型电力系统主体多元、源网荷储良性互动的特征，新增了对新能源、新型储能、负荷侧并网主体等并网技术的指导及管理要求；按照国务院《2030年前碳达峰行动方案》有关要求，将提供辅助服务主体范围由发电厂扩大到新型储能、自备电厂、传统高载能工业负荷、工商业可中断负荷、电动汽车充电网络、聚合商、虚拟电厂等主体，促进挖掘供需两侧的灵活调节能力，加快构建新型电力系统。

2021年12月，国家能源局、国家市场监督管理总局联合发布《关于印发〈并网调度协议示范文本〉〈新能源场站并网调度协议示范文本〉〈电化学储能电站并网调度协议示范文本（试行）〉〈购售电合同示范文本〉的通知》（国能发监管规〔2021〕67号），要求各有关部门和电网企业、发电企业、储能企业要充分认识推行各示范文本的重要意义，认真推广使用。

2021年12月，国务院印发《关于印发"十四五"节能减排综合工作方案的通知》（国发〔2021〕33号），提出优化完善能耗双控制度，各地区"十四五"时期新增可再生能源电力消费量不纳入地方能源消费总量考核，原料用能不纳入全国及地方能耗双控考核。

2021年12月，国家能源局、农业农村部、国家乡村振兴局联合印发《加快农村能源转型发展助力乡村振兴的实施意见》（国能发规划〔2021〕66号），要求将能源绿色低碳发展作为乡村振兴的重要基础和动力，统筹发展与安全，推动构建清洁低碳、多能融合的现代农村能源体系，全面提升农村用能质量，实现农村能源用得上、用得起、用得好，为巩固拓展脱贫攻坚成果、全面推进乡村振兴提供坚强支撑。

10.2 新能源类政策

2021年国家出台多项政策促进新能源健康持续发展，主要包括金融支持、多元化利用、融合发展、电价政策、补贴资金等方面。

2021年2月21日，《中共中央 国务院关于全面推进乡村振兴 加快农业农村现代化的意见》发布，要求实施乡村清洁能源建设工程，加大农村电网建设力度，全面巩固提升农村电力保障水平；推进燃气下乡，支持建设安全可靠的乡村储气罐站和微管网供气系统，发展农村生物质能源。

2021年2月24日，国家发展改革委等五部门联合下发《关于引导加大金融支持力度促进风电和光伏发电等行业健康有序发展的通知》（发改运行〔2021〕266号），从充分认识风电和光伏发电等行业健康有序发展的重要意义、金融机构按照商业化原则与可再生能源企业协商展期或续贷、优先发放补贴和进一步加大信贷支持力度、试点先行、增强责任感和防范化解风险等十个方面提出相关实施措施，促进可再生能源良性发展。

2021年5月11日，《国家能源局关于2021年风电、光伏发电开发建设有关事项的通知》（国能发新能〔2021〕25号）正式对外发布，明确2021年户用光伏发电仍有补贴，财政补贴预算额度为5亿元，具体补贴强度按价格部门相关政策执行。要求建立保障性并网、市场化并网等并网多元保障机制。各省（区、市）完成年度非水电最低消纳责任权重所必需的新增并网项目，由电网企业实行保障性并网，2021年保障性并网规模不低于9000万kW。

2021年5月21日，国家发展改革委印发了《关于2021年可再生能源电力消纳责任权重及有关事项的通知》（发改能源〔2021〕704号），明确了2021年可再生能源电力以及非水可再生能源电力的消纳责任权重目标以及2022年的预期目标。各省在确保完成2025年消纳责任权重预期目标的前提下，因客观原因，当年未完成消纳责任权重的，可以将未完成部分累计到下一年度一并完成。

2021年6月7日，国家发展改革委印发《关于2021年新能源上网电价政策有关事项的通知》（发改价格〔2021〕833号），明确自2021年起，对新备案集中式光伏电站、工商业分布式光伏项目和新核准陆上风电项目，中央财政不再补贴，实行平价上网；新建项目上网电价按当地燃煤发电基准价执行；新建项目可自愿通过参与市场化交易形成上网电价；新核准海上风电项目、光热发电项目上网电价由当地省级价格主管部门制定，具备条件的可通过竞争性配置方式形成。

2021年6月20日，国家能源局发布了《国家能源局综合司关于报送整县（市、区）屋顶分布式光伏开始试点方案的通知》，要求项目申报试点县（市、区）具备丰富的屋顶资源、有较好的消纳能力，党政机关建筑屋顶总面积光伏可安装比例不低于50%，学校、医院等不低于40%，工商业厂房屋顶不低于30%，农村居民屋顶不低于20%。同年9月发布《关于公布整县（市、区）屋顶分布式光伏开发试点名单的通知》（国能综通新能〔2021〕84号），首批将676个县（市、区）列为开发试点。

2021年7月15日，国家发展改革委、国家能源局联合发布《关于加快推动新型储能发展的指导意见》（发改能源规〔2021〕1051号），提出到2025年实现新型储能从商业化初期向规模化转变，装机规模达30GW，到2030年实现新型储能全面市场化的发展目标。鼓励储能多元化发展，进一步完善储能价格回收机制，支持共享储能发展。明确电源侧着力于系统友好型新能源电站和多能互补的大型清洁能源基地等重点方向；电网侧围绕提升系统灵活调节能力、安全稳定水平、供电保障能力合理布局；用户侧鼓励围绕跨界融合和商业模式探索创新。

2021年7月29日，国家发展改革委、国家能源局联合发布《关于鼓励可再生能源发电企业自建或购买调峰能力增加并网规模的通知》（发改运行〔2021〕1138号），明确自建调峰资源的范围并提出要求，为鼓励发电企业市场化参与调峰资源建设，超过电网企业保障性并网以外的规模初期按照功率 15% 的挂钩比例（时长 4h 以上）配建调峰能力，按照 20% 以上挂钩比例进行配建的优先并网。

2021 年 8 月 11 日，国家发展改革委、财政部、国家能源局联合印发《关于印发〈2021 年生物质发电项目建设工作方案〉的通知》（发改能源〔2021〕1190 号），明确 2021 年生物质发电项目中央补贴资金安排、央地分担规则、中央补贴申报条件、申报工作程序，以及项目建设时限要求。申报 2021 年中央补贴的生物质发电项目分为非竞争配置项目和竞争配置项目，未纳入 2021 年中央补贴范围的非竞争配置项目结转至次年依序纳入；未纳入 2021 年中央补贴范围的竞争配置项目，参加次年竞争配置。

2021 年 9 月 10 日，国家能源局发布了《关于促进地热能开发利用的若干意见》（国能发新能规〔2021〕43 号），提出到 2025 年，各地基本建立起完善规范的地热能开发利用管理流程，全国地热能开发利用信息统计和监测体系基本完善，地热能供暖（制冷）面积比 2020 年增加 50%，在资源条件好的地区建设一批地热能发电示范项目；到 2035 年地热能供暖（制冷）面积比 2025 年翻一番。

2021 年 9 月 24 日，国家能源局印发《新型储能项目管理规范（暂行）》，指出建设动力电池梯次利用储能项目，必须遵循全生命周期理念，建立电池一致性管理和溯源系统，梯次利用电池均要取得相应资质机构出具的安全评估报告；已建和新建的动力电池梯次利用储能项目须建立在线监控平台，实时监测电池性能参数，定期进行维护和安全评估，做好应急预案。

2021 年 11 月 24 日，国家发展改革委、国家能源局印发《关于印发第一批以沙漠、戈壁、荒漠地区为重点的大型风电光伏基地建设项目清单的通知》（发改办能源〔2021〕926 号），项目涉及内蒙古、青海等 19 个省，建设规模总计 97.05GW。同时要求各地按照清单，结合落实"十四五"可再生能源发展规划，进一步落实并网消纳条件，根据项目成熟程度合理安排开工时序。12 月印发《关于组织拟纳入国家第二批以沙漠、戈壁、荒漠地区为重点的大型风电光伏基地项目的通知》，持续推进大型风电光伏基地建设，强调坚持集约整装开发，避免碎片化，单体项目规模不小于 100 万 kW，鼓励采用设备技术先进、发电效率高的风电机组和光伏组件。

2021 年 11 月 26 日，国家能源局发布《光伏发电开发建设管理办法（征求意见稿）》，向社会公开征求意见。确定光伏电站年度开发建设方案，可视国家要求分为保障性并网规模和市场化并网规模。各地分批确定保障性并网项目或者市场化并网项目的，及时向社会公开相关情况。未纳入光伏电站年度开发建设方案的项目，电网公司不予办理电网接入手续。鼓励各级能源主管部门采取项目库的管理方式，做好光伏电站项目储备。

2021 年 12 月 1 日，国家能源局综合司发布《关于征求〈风电场改造升级和退役管理办法〉（征求意见稿）意见的函》。该办法按照"公平自愿、先进高效、生态优先、有序实施、确保安全"的基本原则，简化项目审批流程，优先纳入保障性并网规模，明确土地和生态环保政策，落实中央财政补贴，多措并举鼓励风电场改造升级。

2021年12月10日，工业和信息化部印发《锂离子电池行业规范条件（2021年本）》和《锂离子电池行业规范公告管理办法（2021年本）》（中华人民共和国工业和信息化部公告2021年第37号），要求储能型单体电池能量密度>145Wh/kg，电池组能量密度>100Wh/kg，循环寿命5000次且容量保持率>80%。

继2021年8月印发《关于启动燃料电池汽车示范应用工作的通知》（财建〔2021〕266号），批准北京、上海、广东城市群为国家首批氢燃料电池汽车示范城市群，2021年12月28日，财政部、工业和信息化部、科技部、国家发展改革委、国家能源局等五部门再次发布《关于启动新一批燃料电池汽车示范应用工作的通知》（财建〔2021〕437号），明确河北省燃料电池汽车示范应用城市群启动实施，要求建立健全示范应用统筹协调机制，推动牵头城市人民政府不断提升示范应用水平，加快形成燃料电池汽车发展可复制可推广的先进经验。

10.3 河北省政策

2021年，河北省积极响应国家政策，从规划、消纳、经济、技术发展等方面，出台了一系列政策和措施支持和促进河北省可再生能源行业高质量发展。

2021年2月22日，《河北省国民经济和社会发展第十四个五年规划和二〇三五年远景目标纲要》发布，提出要构筑现代产业体系新支柱，坚持高端化、高效化、智能化主攻方向，大力发展高效光伏设备、高端风电设备、智能电网和高效储能装备产业，加快风光火储互补、先进燃料电池、高效储能等关键技术和智能控制系统研发及产业化，加速氢能产业规模化、商业化进程，打造全国氢能产业发展高地。重点建设张家口市可再生能源示范区和氢能示范城市、邢台太阳能利用及新型电池、保定新能源与能源设备、邯郸氢能装备、承德清洁能源融合发展等产业示范基地，形成集装备制造、能源生产、应用示范于一体的新能源产业集群，骨干企业产业技术水平和自主创新能力跃居全国前列。规划发展五个可再生能源基地，提出到2025年，全省可再生能源发电装机达到1亿kW以上，其中，风电装机4300万kW、光伏发电装机5400万kW、抽水蓄能电站487万kW。

2021年3月9日，河北省人民政府办公厅发布《河北省人民政府办公厅关于清理规范全省城镇供水供电供气供暖行业收费 促进行业高质量发展的实施意见》（冀政办字〔2021〕31号），提出要完善电价机制，按照国家电力体制改革总体要求和统一部署，逐步理顺输配电价结构，加快形成结构优化、水平合理的输配电价体系。完善峰谷分时电价政策，优化峰谷电价时段，助力新能源电力消纳，同时，积极配合国家深入研究交叉补贴成因以及规模，完善交叉补贴补偿机制。

2021年3月29日，河北省人民政府办公厅发布《河北省人民政府关于新时代支持重点革命老区振兴发展的实施意见》（冀政字〔2021〕12号），提出要提高可持续发展能力，加快能源资源产业绿色发展的要求，支持革命老区发展光伏、风电、氢能等新能源产业，提高可再生能源消纳能力。

2021年4月29日，河北省人民政府办公厅发布《河北省人民政府关于建立健全绿色低碳循环发展经济体系的实施意见》（冀政字〔2021〕22号），提出要推动能源体系绿色低碳转型、推进城镇环境基础设施建设升级、改善城乡人居环境。要加快张家口可再生能源示范区、张承百万千瓦风电基地和光伏发电应用基地建设，推进生物质热电联产、光热发电；推进坝上氢能基地、国家氢能示范城市和氢燃料电池汽车推广应用示范城市群建设，提高制储运氢能力，逐步扩宽氢能应用场景；科学布局抽水蓄能电站，推广分布式储能示范。推动农村分布式光伏、生物质能源发展；2025年，力争可再生能源装机实现翻番。

2021年7月14日、16日，河北省发展改革委先后发布《边远山区及坝上地区农户实施分布式光伏+电取暖推进方案》（冀发改函〔2021〕249号）、《边远山区及坝上地区分布式光伏发电项目建设实施方案》，积极推动河北边远山区及坝上地区上万农户实施"分布式光伏+电取暖"改造，进一步减少煤炭消费，改善大气环境质量，提高农户收入。

2021年7月17日，河北省发展改革委发布《关于印发〈河北省氢能产业发展"十四五"规划〉的通知》（冀发改能源〔2021〕972号），立足河北省氢能产业发展基础，结合各市氢能产业发展定位，抢抓京津冀协同发展、雄安新区建设和冬奥会举办重大机遇，重点实施八大工程，谋划布局128个氢能项目，构建"一区、一核、两带"产业格局，加快推动全省氢能产业高质量发展。提出氢能产业链年产值2022年150亿元、2025年500亿元的发展目标。

2021年9月17日，河北省发展改革委、河北省财政厅发布《关于组织申报2021年生物质发电项目中央补贴有关事项的通知》，按照"谁受益，谁承担"的原则，生物质发电项目补贴资金需地方分担部分由相关市县承担，市县组织申报应出具承诺函，承诺落实生物质发电项目地方分担资金。未作出承诺的市县，相关生物质发电项目不能纳入中央补贴范围。

2021年11月13日，河北省人民政府办公厅发布《河北省人民政府办公厅关于印发〈河北省科技创新"十四五"规划〉的通知》（冀政办字〔2021〕141号），提出提升太阳能光伏领域及氢能领域的产业竞争力，在核心基础零部件、核心电子元器件、工业基础软硬件、先进材料等技术缺失和技术短板领域，布局系列重大关键核心技术攻关任务，持续加大研发投入，引导和组织强势战略科技力量集中精力突破瓶颈制约，实现关键核心技术自给自足、自主可控。构建碳达峰碳中和技术支撑体系，围绕河北省碳达峰碳中和愿景目标，加快碳排放、碳足迹、碳汇全生命周期评估技术方法与标准研究，加大能源清洁高效开发利用技术创新，推动钢铁、电力、建材、化工等碳排放重点行业领域零碳工艺流程变革和清洁生产技术创新，发展森林、草原、海洋等固碳增汇技术，探索开展二氧化碳捕集、封存及转化利用（CCUS）技术研发，为河北省实现碳达峰碳中和提供精准量化支撑。支持省级可持续发展试验区率先开展碳达峰碳中和技术应用示范。

2021年11月14日，河北省人民政府办公厅发布《河北省人民政府办公厅关于印发〈河北省建设全国产业转型升级试验区"十四五"规划〉的通知》（冀政办字〔2021〕143号），提出发展壮大新能源产业，加快建设张家口可再生能源示范区和张承地区百万千瓦级风电基地，建成一批整县屋顶分布式光伏试点，积极推进太阳能光热利用。因地制宜发展生物质能、地热能。增强绿色电力消纳能力，开工建设一批抽水蓄能电站，鼓励风电、光伏发电等电站合理配置储能装置，推进"光伏+"应用，大幅度提高新能源电力消纳和储存能力，构建以新能源为主体的电力系统。积极发展新能源装备。加快发展氢能产业。充分发挥张家口、承德地区风电、光伏发电可再生资源优势，大力推动绿氢制备工程建设，打造国内规模和技术领先的绿氢基地。利用唐山、邯郸、沧州、石家庄循环化工园区等地焦炭、化工等工业副产氢资源，加快提纯升级改造工程建设。以石家庄、邯郸、保定、张家口市为重点打造制氢、运氢、储氢、加氢以及燃料电池汽车等核心装备制造基地。

2021年11月15日，河北省人民政府办公厅发布《河北省人民政府办公厅关于印发〈河北省建设京津冀生态环境支撑区"十四五"规划〉的通知》（冀政办字〔2021〕144号），提出要加快推动能源结构优化转型：围绕碳达峰碳中和目标，科学布局风能开发项目，多元化推动太阳能利用，因地制宜发展生物质能、地热能，进一步优化能源配置格局；到2025年，能源消费总量控制在3.64亿tce左右，非化石能源消费占能源消费总量比重提高到11%。推动能源开发利用技术创新：加快氢能关键技术突破，大力发展氢能技术，推进氢能在工业、交通、城镇建筑等领域规模化应用；鼓励引导企业、高校、科研院所开展关键技术自主能力创新，推动高效光伏电池、大型风力发电机组、先进核电、储能装备制造技术研发和产业化。加强废旧物资循环利用：促进退役动力电池、光伏组件、风电机组叶片等新兴产业废弃物循环利用，打造能源清洁安全供应基地。全省打造能源清洁安全供应基地：建设千万千瓦风电基地、光伏发电应用基地、华北抽水蓄能基地和坝上氢能基地。

2021年11月22日，河北省发展改革委发布《河北省战略性新兴产业发展"十四五"规划》，提出推进新能源产业协同高效发展的重点任务，重点推进太阳能产业、风电产业、储能产业及氢能产业的发展建设，同时推进生物质、海洋能、地热能等其余新能源产业发展。

2021年12月31日，河北省发展改革委发布《河北省发展改革委关于下达河北省2021年风电、光伏发电市场化并网项目计划的通知》（冀发改能源〔2021〕1837号）。本次下达2021年光伏发电市场化并网项目52个、921万kW，确保项目2023年6月30日前全容量建成并网；并将具备接入规划变电站项目29个、541.8万kW，纳入各市"十四五"规划项目管理，包括风电项目9个、140万kW，光伏发电项目20个、401.8万kW。冀北电网区域围场、丰宁两县坝上地区所有风电、光伏发电项目按照20%、4h，其他区域按照15%、4h配置储能装置；河北南网区域所有光伏发电项目按照10%、4h配置储能装置（或按照20%、2h配置储能装置）。配套储能项目应与风电、光伏发电项目同期建设、同期投产。鼓励有条件项目进一步提高储能配比，鼓励通过自建、合建、购买等多种方式落实配套储能要求。

11 展望及建议

在"双碳"目标引领下，河北省新能源占比将继续保持快速增长态势，为加快构建新能源占比逐步提升的新型电力系统，需要从技术、政策、市场机制等多方面共同发力支撑行业创新发展，重点在新能源开发、抽水蓄能建设、新型储能推广、氢能应用等领域，研究相关配套机制，促进可再生能源相关产业可持续健康发展。

(1) 积极推动"光伏+"发展模式

利用光伏发电可与建筑物、构筑物灵活结合的开发优势，推动光伏与建筑、农业、交通、乡村、生态环境等产业融合，发展潜力巨大，预计"光伏+"将成为未来光伏多元化发展的重要方向。随着光伏发电成本及储能成本的不断降低，积极开展"光伏+储能"消纳利用新模式，为电力供应保障提供支撑，进一步提升光伏发电的竞争力。

(2) 推动集中式新能源规模化发展，分布式新能源多元化发展

全面推进风电、太阳能发电大规模开发和高质量发展，坚持集中式与分布式并举，加快建设风电和光伏发电基地。加快智能光伏产业创新升级和特色应用，实现能源建设和环境治理双赢，积极探索林光、农光等多元化分布式开发模式。

(3) 提高太阳能发电调峰能力，促进太阳能热发电与其他可再生能源发电的融合发展

积极推动太阳能热发电项目建设，进一步实践太阳能热发电与其他可再生能源发电联合运行模式，探索太阳能热发电在电力系统中调峰、调频、储能的作用，支持高比例新能源送出基地建设，促进太阳能热发电与其他可再生能源发电的融合发展。

(4) 持续推进张承千万千瓦级风电基地建设

以加快推进张家口可再生能源示范区、承德国家可持续发展议程创新示范区建设为契机，重点建设张承百万千瓦级风电基地和国家大型风电光伏基地，有序推动张承两地风电规模化、基地化发展。统筹考虑开发规模与电网消纳、发展布局与环境保护、技术进步与资源利用等方面因素，充分利用荒地、草地、山区丘陵等未利用地资源，加强智能、储能技术在增量项目中的示范应用，鼓励并网运行超过 15 年的风电场通过改造升级提升风能利用水平和土地利用率，科学有序建设环境友好型、系统友好型风电项目，分别打造两地千万千瓦级风电基地。

(5) 促进海上风电大容量、智能化、高可靠发展

引导海上风电开发向优势企业集中，充分依托央企及优势企业的资金、技术、人才优势，大规模开发海上风电场，单体项目应在 40 万 kW 及以上，并留有后续发展空间。采用单机容量 8MW 及以上的先进风电机组、智能高效的电气设备、先进的施工工艺，实现海上风电项目高起点、高效益、高质量开发，并示范带动风机产业的发展。开展大容量风机技术、柔性直流输电技术、海底电缆敷设和监测技术、海底勘察技术，以及海上风电运行与维护优化技术研究，为实现河北省海上风电可靠、高效和可持续性发展奠定基础。

(6) 多措并举持续提升新能源消纳能力

一是持续优化风电开发布局。积极支持张家口、承德及沿海地区风能资源开发，合理引导限电严重地区新能源发展节奏。严格执行年度风电投资监测预警结果，引导风电投资继续向经济活动集中、电力消纳条件较好的地区转移。二是全方位提升电力系统灵活性。包括推动火电灵活性改造、建设辅助服务市场、进一步挖掘火电调峰潜力、推动自备电厂减少出力和参与系统调峰、推动抽水蓄能和新型储能发展、鼓励新能源与省内大用户及增量用户双边直接交易、实施新能源发电供暖、加强建设完善省内输电工程、探索开展需求侧响应等。三是加大可再生能源电力跨省跨区输电通道建设，扩大新能源消纳范围。根据规划积极推进张北—胜利、大同—怀来—天津北等跨省跨区特高压输送通道建设，提升电力保障能力和新能源输电能力。四是稳妥推进新能源参与电力市场交易。健全河北省内新能源交易制度，进一步扩大新能源参与电力市场交易的规模，为新能源消纳扩展空间。加快电力现货市场建设，鼓励新能源参与市场，利用边际成本优势实现优先消纳。

(7) 加速布局风电自主化全产业链集群，打造特色支柱型风电产业装备集群

依托河北省张承地区强大风电市场，结合重大基地、重大工程、重大示范项目的建设，加快吸引国内外龙头企业、高端人才和优质要素资源，在河北省开发项目、投入最先进技术产品、扩大先进产能投资，打造内陆特色支柱型风电产业装备集群。通过龙头企业聚集上下游产业链联合创新，积极吸引培育自主创新型企业，不断深化数字化技术与新能源产业融合发展，共同驱动新技术、新模式、新业态不断涌现和推广应用，持续培育新的经济增长点、推动新一轮产业升级和经济转型，推动现代装备制造新兴产业自主化、规模化、高端化、绿色化、集群化发展，为河北省风电自主化全产业链实现高质量发展、构建新发展格局提供助力。

(8) 加快构建风电产业装备创新服务体系

借鉴东南沿海风电产业集群模式，加快构建风电产业装备创新服务体系，包括搭建风电技术装备联合创新中心或示范平台，加大技术研发和引入力度，增强自主创新和技术储备，参与和引领行业标准规范制定，构建立体化的人才支撑，加快推进高价值专利培育，打造机制灵活的创业加速器，突破重点领域的关键技术，建立产业园区的政府企业共建机制，着力发展高质量的技术和咨询服务等，打造标准规范制定、立体化的人才支撑、高价值专利培育、高质量的技术和咨询服务等创新支撑体系。

(9) 加快推进抽水蓄能电站建设

已发布的《抽水蓄能中长期发展规划（2021—2035年）》中，全省共8个抽水蓄能站点项目被列为规划重点实施项目，总装机920万 kW，需继续加快开展项目前期工作，争取早核准、早开工。加快在建抽水蓄能电站建设，力争项目早日投产。优先确保2025年前开工的740万 kW 装机项目按期建设，同时继续谋划新一批抽水蓄能站点选址，做好站点储备。

(10) 大力发展生物质热电联产

大力发展生物质热电联产清洁供暖，因地制宜在大中城市及人口密集、具备条件的县城，依托当地热负荷，稳步推进城镇生活垃圾焚烧热电联产项目建设，推进生活垃圾焚烧发电项目供热改造，建立垃圾焚烧处理行业兼顾供热的绿色循环发展模式。鼓励结合生物质示范项目建设，应用生物质锅炉先进技术、垃圾焚烧处理新技术，推广高参数、高效率生物质锅炉，推进工业智能升级，提高发电系统自动化程度，使生活垃圾焚烧环保指标更稳定、发电效率更高。

(11) 开展生物质发电市场化示范

鼓励具备条件的市（县），进一步完善与生物质发电相关的"收、储、运、处理"各环节，发挥市场在可再生能源资源配置中的决定性作用，开展生物质发电项目市场化运营试点，逐步摆脱生物质发电对财政补贴的依赖，实现市场化、竞争化发展。

(12) 积极推进生物质多元化利用

生物质资源形式多样，分布情况也不尽相同，全省应根据生物质资源特点，从合理竞争和原料保障的角度，统筹协调、合理布局生物质开发利用项目，做到宜电则电、宜气则气、宜热则热。

(13) 规范地热管理流程

建立并完善地热能开发利用备案制度，规范项目管理流程。进一步落实地热资源备案管理制度，分类施策，精准管控，逐步完善预警监测体系，提升地热资源信息化管理水平。推进地热资源开发利用、管理和保护机制建成完善，地热资源勘查、开发秩序规范，地热开发利用效率显著提升，地热水资源动态监测系统基本完善。

(14) 积极推广地热能开发利用

积极推进中深层地热能供暖，根据地热形成机理、地热资源品位和资源量、地下水生态环境条件，实施总量控制，分区分类管理，以集中与分散相结合的方式推进中深层地热能供暖。在条件适宜的地区加大"井下换热"技术推广应用力度。大力开发浅层地热能供暖，经济高效替代散煤供暖，在有条件的地区发展土壤源供暖制冷等。鼓励利用油田采出水开展地热能供暖、地下水资源与所含矿物质资源综合利用等。

(15) 加快氢能发展

加快调整氢能产业链结构，完善氢能产业政策体系，促进可再生能源制氢（绿氢），提升可再生能源消纳利用水平。加大氢燃料电池研发及生产力度，推进氢能汽车商业化进程。

(16) 推动新型储能发展

在电源、电网、用户等环节广泛应用新型储能，增强源网荷储配套能力和安全监管能力，推动"新能源＋储能"深度融合，实现一体规划、同步建设、联合运行，增强电网和终端储能调节能力；推动新型储能从商业化初期向规模化发展转变，提升新型储能技术创新能力，完善新型储能可持续发展的市场机制和商业模式、配套政策与管理体系。

12　大事纪要

2021年3月29日，河北省发展改革委印发《河北省2021年氢能产业重点谋划推进项目清单（第二批）》，确定85个氢能产业重点谋划推进项目，抢抓市场先机，培育壮大龙头企业，突破核心关键技术，积极稳妥推进河北省氢能产业发展。此次列入第二批清单的重点谋划推进项目总投资约405亿元，涵盖氢能全产业链条。其中，制氢项目29个，氢能装备项目8个，加氢站项目24个，氢燃料电池项目8个，整车/专用车项目3个，应用示范项目8个，技术研发项目5个。

2021年6月28日，河北省发展改革委印发《关于下达2021年光伏发电平价上网项目（2019年平价备选）计划的通知》（冀发改能源〔2021〕864号），确定光伏发电平价上网项目17个、187万kW，要求抓紧开展前期工作，确保项目2023年底前与规划配套电网工程同步建设、同步并网，保证项目优先发电和全额保障性收购。

2021年7月2日，河北省能源局下发《关于做好2021年风电、光伏发电开发建设有关事项的通知》，开展2021年的风电、光伏发电项目竞争性配置，共15.84GW光伏发电项目，6GW风电项目。

2021年7月21日，河北省发展改革委发布《关于抓紧开展百万千瓦风电基地规划编制的通知》，要求张家口市能源局、承德市发展改革委抓紧编制张家口百万千瓦风电基地四期和承德百万千瓦风电基地三期规划。明确拟申报保障性并网规模项目，原则上要通过竞争性配置方式列入项目年度建设计划，分期分批推进实施；拟申报市场化并网规模项目，通过自建、合建共享或购买服务等市场化方式落实并网条件后有序推进。

2021年9月18日，河北省发展改革委发布《关于下达河北省2021年风电、光伏发电保障性并网项目计划的通知》（冀发改能源〔2021〕1278号）。本次下达2021年风电、光伏发电保障性并网项目计划项目85个、1261.08万kW，包括风电项目7个、120万kW，光伏发电项目78个、1141.08万kW。经各市申报、电网公司接入和消纳条件审核，将具备接入规划变电站项目43个、722万kW，纳入各市"十四五"规划项目管理，包括风电项目18个、294万kW，光伏发电项目21个、345万kW，风光一体化项目4个（涉及风电45万kW和光伏发电38万kW）。

2021年9月27日，河北省发展改革委发布《开展整县（市、区）屋顶分布式光伏开发试点的通知》，要求：2021年10月20日前，有关市能源主管部门指导试点县（市、区）政府，完成试点建设方案编制工作；2021年10月31日前，由县级行政审批部门完成项目备案；2021年11月起，组织开发企业按照2021年、2022年、2023年分别完成不低于总装机任务10%、50%、40%的比例要求开展项目建设，确保2023年底前如期完成项目建设任务。

2021 年 11 月 23 日，河北省发展改革委发布《国家第一批大型风电光伏基地项目公示》。根据公示内容，本次拟安排大型风电光伏基地项目 3 个、300 万 kW，其中光伏项目 150 万 kW、风电项目 150 万 kW。项目主要包括：张承张家口蔚县电厂 100 万 kW 外送项目（主要包括大唐阳原 20 万 kW 风电项目、45 万 kW 光伏项目和大唐蔚县 35 万 kW 光伏项目）；张承张家口张北县 100 万 kW 项目；张承承德丰宁风光氢储 100 万 kW 项目。

2021 年 12 月 31 日，河北省张家口国际首套百兆瓦级先进压缩空气储能国家示范项目送电成功。该项目于 2021 年 8 月完成电站主体土建施工，于 2021 年 12 月完成主要设备安装及系统集成。该项目由中科院工程热物理研究所研发、巨人集团建设，已列入 2021 年度能源领域首台（套）重大技术装备项目名单，是国际上规模最大、效率最高的先进压缩空气储能电站，促进了我国大规模先进压缩空气储能技术产业化进程，有效支撑能源革命和新型电力系统构建。

声 明

本报告内容未经许可，任何单位和个人不得以任何形式复制、转载。

本报告相关内容、数据及观点仅供参考，不构成投资等决策依据，河北省能源局、水电水利规划设计总院、河北省能源规划研究中心不对因使用本报告内容导致的损失承担任何责任。

本报告中部分数据因四舍五入的原因，存在总计与分项合计不等的情况。

本报告部分数据及图片引自国家发展和改革委员会、国家能源局等单位发布的文件，以及 2021 年全国电力业统计快报、《中国可再生能源发展报告 2021》等统计数据报告，在此一并致谢。